99%の小学生は気づいていない!?

JN097796

となりのAI

監修 ソニー・グローバルエデュケーション

著 佐々木ひとみ

Z-KAI

未来を想像してみましょう。

遠い未来ではなく、10年後。

あなたは何歳になっていますか？　何をしていますか？

ずっと先のことで、みんな、まだまだ想像がつかない

かもしれません。

でも、0歳だったあなたが今のあなたになるまでと

同じくらいの時間。

その時間の中で、遊んで、学んで、考えて……。

いろいろな人に出会い、いろいろなことを経験していく。

今の、その一つ一つがあなたをつくりあげていく。

今の、その一つ一つがあなたを大きくしていく。

あなたの中にある力をどんどん伸ばしていけるように、

学校で学んだことをさらに一歩進めて考えていけるように、

今、伝えておきたい大切なことをぎゅっとまとめました。

未来を自信をもって生きていくために。

未来の世界を明るくしていくために。

この本が、あなたも想像していなかったような未来に

つながります！

はじめに

「世界各国の人とコミュニケーションを取りたい」「自分にそっくりのアバターを作ってほしい」「ゲームの対戦相手や仲間になってほしい」。そんな願いを、まるで魔法のようにかなえてくれるコンピュータが増えてきています。

　そんなふうにコンピュータを動かす技術を、「AI（人工知能）※」といいます。世界中の研究者や開発者の手によって、AIは日を追うごとにより速く、より正確に、より賢くふるまえるようになってきています。活躍の場も、学校、会社、病院、レストラン、家庭など、ぐんぐん広がってきています。すでに、みなさんのすぐとなりにもいるはずです。

　AIにも長所や短所があります。解決したい問題や目的に合わせて、どこでAIを使うか考える必要があります。たとえば、問題によっては「AIを使わない」ことが、最も良い解決方法である場合もあります。あるいは、

「問題を解決できるAIがまだこの世に存在していない」こともあります。その場合、あなたがそのAIを「開発する人」になる可能性もあるのです。

　この本では、駄菓子屋「みやこ」で起こるさまざまな事件に、セイ、メイ、ヒロが挑戦します。AIもいっしょです。やがて三人は、進化するAIと力を合わせて、「みやこ」の応援をはじめます。

　三人は何をするのか？　駄菓子屋「みやこ」はどうなってゆくのか？　物語を楽しみながら、AIが活躍する世界を体験してみませんか。

　この本との出会いが、今世界中で開発が進められているAIという魅力的なアイテムに興味をもつきっかけになること、さらにいつかあなたが問題に遭遇したとき、その問題を解決する力につながることを願っています。

　　　　2023年6月　ソニー・グローバルエデュケーション

※AI（人工知能）は、コンピュータが人間のような知的なふるまいをする技術を指します。この技術は、ディープラーニングや機械学習といった特定の技術にしぼって考えられることもありますが、この本ではより広い範囲をAIとして紹介しています。

5

もくじ

セイ

メイ

ヒロ

ぴーちゃん

タカコ

タルタマくん

セイ

小学6年生。〝あやかし〟を倒すヒーローに憧れている。

セイのふたごの妹。モノづくりが得意なしっかり者。

メイ

セイとメイの幼なじみ。AIやプログラミングに興味がある。

ヒロ

ヒロのひいおばあちゃん。駄菓子屋「みやこ」の店主。

ぴーちゃん

セイとメイのおば。AIの研究をしている。

タカコ

セイとメイにタカコから送られたAI。

タルタマくん

「メイ、ヒロ、帰るぞ」

　6年2組の教室に声をかけるなり、セイは走り

だしました。

　（今日は塾もスイミングスクールもない。早く

帰ってゲームをするんだ！）

　セイは今、不思議な力をもつ陰陽師が〝あやか

し〟を倒すゲームに夢中です。

「ちょっと待って、セイ！　ヒロくんの様子がヘ

ンよ！」

　校門を出たところで呼びとめられました。ふた

ごの妹のメイです。

　ふり返ると、ヒロが「はぁ」とため息をついた

ところでした。

　セイとメイとヒロは、幼稚園のころからの幼な

じみです。6年生になって、セイは1組、メイと

ヒロは２組とクラスが分かれてしまいましたが、

学校の外ではいつもいっしょです。

「どうしたヒロ、何かあったのか？」

「実は、ぴーちゃんが心配で……」

「ぴーちゃん」というのは、ヒロのひいおばあ

ちゃんのニックネームです。

「ぴーちゃんって、駄菓子屋『みやこ』のぴー

ちゃんか？」

　ヒロのひいおばあちゃんは、平安町の商店街で

小さな駄菓子屋を営んでいます。

「うん」と、ヒロはうなずきました。

「先週行ったときは元気そうだったけどなぁ」

「いつもと同じようにニコニコしてたよね？」

「急に体調をくずしたとか？」

「ぴーちゃん、けっこう歳だもんね」

　セイとメイが話していると、「ちがうんだ！」

と、ヒロがあわてて首をふりました。

「そうじゃないんだ。実は今、駄菓子屋『みや

こ』が大ピンチなんだ」

「大ピンチ？」

「ぴーちゃんが言うには、最近、おかしなことが

次々と起こってるんだって」

「おかしなこと……か」

　セイは目を閉じると、眉間に人さし指をあてま

した。

　お気に入りのゲームの主人公が、考えをめぐら

すときのポーズです。

「なぁ、ヒロ。それって〝あやかし〟のしわざ

じゃないか？」

「〝あやかし〟？」

「そうだ。ぴーちゃんは駄菓子屋『みやこ』をもう何十年もやっている。なのに、ここにきて急にトラブルが次々と起こるなんて、おかしくないか？　〝あやかし〟のしわざに決まってるよ！」

　セイに決めつけられて、ヒロは顔をくもらせました。

「だったら、どうしたらいいの？　ぴーちゃん、どうなるの？」

「心配するな、ヒロ。おれがなんとかしてやる。〝あやかし〟を倒してやる」

「頼むよ、セイくん」

「まかせろ！」

　セイが力強くうなずいた瞬間、

「ちょっと待って！」と、メイが声を上げました。

「セイもヒロくんも、落ちついて。〝あやかし〟

なんて、いるわけないから。トラブルには、何か原因があるはずだから」

「じゃあ、どうしたらいいの？　メイちゃん、お願い、何とかして！」

ヒロが手を合わせます。ヒロはぴーちゃんが大好きなのです。

メイは「そうだなぁ」とつぶやきました。

「だれかおとなに……。そうだ、おばさんに相談してみようか？」

おばさんはセイとメイのお父さんの妹で、今は外国で暮らしています。

　お父さんが「あいつは変わりものだから」と言うように、家族の中ではういていて、今は「外国で何かの研究をしているらしい」ぐらいしかわかりません。

　そんなおばさんですが、セイとメイのことはかわいがっていて、よくメッセージを送ってくれます。そしてそのメッセージの最後にはいつも「困ったことがあったらなんでも相談して」と書いてあるのです。

「よし、おばさんに相談してみよう！」

　うなずくと、セイはタブレットでメッセージを送りました。

♪ピーッ、ポポン！

　返事は、すぐに届きました。

『駄菓子屋「みやこ」には、あたしもお世話に

なったから、もちろん協力するよ。さっそく、タ

ルタマくんを送るね』

「タルタマ……くん？」

　メイとセイが顔を見合わせていると、

♪ピーッ、ポポン！

　また新しいメッセージが届きました。

『タルタマくんの使い方は、チャットで教えるか

ら↓ここをクリックして』

　セイがクリックすると……

♪ピーッ、ポポン！

《ようこそ、セイ、メイ！》

　声とともに、古風な衣装

に身を包んだ女の人の立体

的な映像が現れました。お

ばさんがいつも自分の分身

として使っているアバター

です。

　衣装は神社の巫女さんのようにも、ゲームに出てくる陰陽師のようにも見えます。

《チャットの準備はこれでOK。AIのタルタマくんがそっちに着いたら、チャットを立ちあげて、話しかけて。……あ、AIというのは『人工知能』という意味よ。ってことで、タルタマくんをよろしくね》

　そう言うと、♪シュルンと音がして、おばさんのアバターは消えました。

「AIのタルタマくん……って、何だろう？」

　三人は顔を見合わせて首をかしげました。

┌─ AIとは？ ──────────────┐

コンピュータがデータを分析し、推論、判断、学習などをおこなう、人間の知能をまねた技術のこと。人工知能とも呼ばれる。

第1章

駄菓子屋「みやこ」のピンチを救え！

～AIってなんだろう？～

1 タルタマくんがやってきた！

　数日後、セイとメイの家に、おばさんから荷物が届きました。

　箱の中からは、「タルタマくんです。仲良くしてね」と書かれたメッセージと、バレーボールほどの大きさの球体が出てきました。

　球体にはぴょこんとしっぽのようなものがつきでていて、まるい部分の真ん中には四角いモニターがついています。

「かわいいね」

　メイがそっとふれてみると、

♪ぽわん

　モニターが起動して、二つの小さな明かりが灯りました。

　パチパチとまばたきのように点滅する二つの明かり。

メイは「タルタマくんが目覚めたみたいね」と笑いました。

セイはさっそくチャットを開くと、

「おばさん、タルタマくんが届いたよ」と、話しかけました。すると、

♪ピーッ、ポポン

音がして、おばさんのアバターが現れました。

《セイ、待ってたよ。まずはタルタマくんについて説明するね。……タルタマくんは、AIです》

「AI？　ってことは、ロボットなの？」

「手も足もないし、ちっともロボットらしくないけど？」

セイとメイの言葉に、おばさんはくすっと笑いました。

《あのね、『AI＝ロボット』ではないのよ》

「どういうこと？」

《この前も言ったけど、AIは『人工知能』とい

う意味なの。知能というのは、目的のために学習したことや経験したことをもとに考える能力のこと。人間でいうと脳にあたるものなのよ。知能だけを利用するなら、からだは必ずしも必要ないの》

「脳？　タルタマくんが？」

　セイは、タルタマくんを見つめました。

「つまり、タルタマくんはおれたちみたいに考えることができるってこと？」

《人間と全く同じようにはいかないけどね。でも、学習させればどんどん賢くなっていく。きっと役に立ってくれるはずよ》

「ふうん」。セイはまだ半信半疑です。

「ねぇ、セイ。タルタマくんがいれば、駄菓子屋『みやこ』のピンチを救えるかもよ」

　メイの言葉に、セイはようやくうなずきました。

「よし、やるか！　頼むぞ、タルタマくん！」

2 駄菓子屋「みやこ」のピンチ①
～お菓子が消える!?～

　次の日曜日。セイとメイは駄菓子屋「みやこ」

にやってきました。

　セイの腕には、タルタマくんが抱かれています。

「いらっしゃい！」

　店では、ぴーちゃんとヒロが迎えてくれました。

ぴーちゃんはいつもの笑顔ですが、どことなく元気がありません。

「ぴーちゃん、何があったか教えてよ。おれたち、力になるからさ」

「ありがとう」と言うと、ぴーちゃんは話しはじめました。

「ここ何週間かのことなんだけど、店からお菓子が消えるんだよ」

「それって、だれかに盗られたってこと？」

　セイの言葉に、ぴーちゃんが顔をくもらせました。

「ここに来てる子がそんなことをするなんて、考えたくないんだけど……。それに、ちょっと不思議なこともあるのよ」

「不思議なこと？」

　セイの目がキラン！　と光りました。

「いつも決まって、同じお菓子だけがなくなるの。

『かっちゃんイカ』という、しょっぱい系のお菓子なんだけどね。さらに不思議なのは、店にお客さんが一人も来なかった日にもなくなるのよ」

「人が来なかったのにお菓子が消えるなんて、あ・や・し・い！」

セイは目を閉じて、眉間に人差し指をあてています。

「それって、〝あやかし〟のしわざかも！」

「〝あやかし〟？」

ぴーちゃんの顔がひきつっています。

「ちょっと待って！」

メイがさけびました。

「〝あやかし〟なんて、いるわけないでしょ！

〝あやかし〟のしわざと決めつける前に、ちゃんと調べてみようよ」

23

「そうね」と、ほっとした顔でぴーちゃんもうなずきました。

「あたしはね、犯人を見つけたいわけじゃないの。どうしてお菓子がなくなるのか、その理由を知りたいだけなの」

ヒロが手を挙げました。

「ぼくもメイちゃんに賛成！　理由さえわかれば、ぴーちゃんも安心するだろうし」

「……わかったよ」

セイはしぶしぶうなずきました。

「メイ、おれたち、何をすればいい？」

「そうね。まずはお店の中を調べてみましょう。何か、手がかりになるようなものが見つかるかもしれないから」

「わかった！」「わかったよ」

三人は、いつもお菓子がなくなるという台のまわりを調べはじめました。

問題を整理しよう！

最初に声を上げたのは、メイでした。

「ここを見て！　台をひっかいたあとがある！」

「どれどれ？」と、ぴーちゃんが老眼鏡を取りだしました。

「ふーん。たしかにネコの爪でひっかいたみたいな、細かいひっかき傷があるね。ちっとも気づかなかったよ」

次に声を上げたのは、セイでした。

「床に動物の毛みたいなものが落ちてるぞ！」

「それって、ネコの毛じゃない？」

メイがつぶやくと、

「おれが見つけた毛がネコの毛で、メイが見つけたひっかき傷がネコの爪ってことは……犯人はネコってことか？」

「たしかに、ネコなら『かっちゃんイカ』、好きよね？」

セイとメイが話している
と、「ねえ、ぴーちゃん」と、
ヒロがふり返りました。

「もしかして、犯人は茶々丸
じゃない？」

　茶々丸はぴーちゃんが店の
となりにある自宅で飼ってい
るネコです。

「そんな。茶々丸はこれまで一度だって店のもの
に手を出したことがなかったのに」

　肩を落とすぴーちゃんに、「心配しないで」と
セイが声をかけます。

「ヒロも安心しろ。犯人は茶々丸じゃないよ」

「え、セイくん、どうしてわかるの？」

「毛の色がちがうんだ。茶々丸の毛は赤茶色だ
ろ？」

　セイが手にした毛をヒロの目の前に差しだす

と、ヒロは「うん！」とうなずきました。

「黒だ！　黒い毛だ！　たしかにこの毛は茶々丸のじゃないね」

「ぴーちゃん、黒いネコに心当たりはない？」

「黒いネコ？　黒いネコねぇ」

　ぶつぶつ言いながら、考えていたぴーちゃんが、ハッと顔を上げました。

「そういえば、近所の人たちがうわさしてたわ。１か月ぐらい前から、このあたりで野良ネコを見かけるようになったって。そのネコというのが、まるまると太っている……。そうだ、たしか、黒ネコだったわ」

「それだ！」「決まりだね」

　セイとヒロはうなずきあいました。

「そうか、野良ネコのいたずらだったのね」

　ぴーちゃんの肩から、力がぬけてゆきます。

「よかったね、ぴーちゃん、原因がわかって」

ヒロもうれしそうです。

「待てよ、ヒロ。よろこんでいる場合じゃないぞ。このままじゃ、またその黒ネコにお菓子をとられちゃうんだぞ」

「そうよ、ヒロくん。原因がわかったら、次は対策よ。黒ネコにお菓子をとられないようにするにはどうしたらいいか、考えなきゃ」

「そうか、そうだよね。……セイくん、どうしたらいいだろう？」

「簡単さ、入り口のとびらを閉めきって、ネコが絶対に店に入れないようにすればいいんだよ」

「ちょっと待って、セイ。そんなことしたら、茶々丸も入れなくなっちゃうよ？」

「それは困るねぇ。茶々丸は『みやこ』の看板ネコだからねぇ」

「ってことは、茶々丸だけ入れて、それ以外のネコは店に入れないようにすればいいってことか。

そんなこと、できるのかなぁ」

　セイが考えこんだ、そのときです。

「ねぇ、セイ、こんなときのために、この子がいるんじゃない？」

　メイがタルタマくんを指差しました。

「そうか！」

　セイはタブレットを取りだすと、チャットでおばさんを呼びだしました。

♪ピーッ、ポポン！

　おばさんのアバターが現れました。

《はーい、セイ。どうかした？》

「おばさん、相談があるんだ」

　セイは駄菓子屋「みやこ」で起こったことを伝えました。

《なるほど、つまり茶々丸以外のネコを見分けて、ほかのネコが店に入らないようにすればいいってことね？》

「タルタマくんに、できるかな？」

《AIの『画像認識』機能が役に立つはずよ》

「ガゾウニンシキ？」

《茶々丸の顔とほかのネコの顔を見分けるの》

「どうすればいいの？」

《タルタマくんに、茶々丸の顔とほかのネコの顔を学習させるのよ。そのためには、茶々丸とほかのネコの写真が必要よ。できるだけたくさんネコの写真を撮って送って。そしたらあたしが、遠隔操作でタルタマくんにプログラミングするから》

「やってみるよ！」

🗨 データを集めてみよう！ ⬡

茶々丸の写真を撮って送るよ。

いろいろなネコの写真を撮って送るよ。

おばさんに教えてもらった「ネコネコ🐾データベース」から、写真を集めて送ろうっと！

みんなで集めたデータをおばさんに送って完了！

【ネコイレズ・システム】、スタート！

　数日後、おばさんから『【ネコイレズ・システム】プログラミング完了！　タルタマくんを駄菓子屋「みやこ」の入り口にセットしてみて』とメッセージが届きました。

「それじゃあ、タルタマくんをセットするよ」

　メイ、ヒロ、ぴーちゃんが見守る中、セイはタルタマくんのスイッチを入れます。

　♪ぽわん

　四角いモニターが光ったかと思ったら、

「【ネコイレズ・システム】スタート　シマス」

と声がしました。

「わー、タルタマくんがしゃべった！」

　みんな、大興奮です。

　次の瞬間、何かに気づいたメイが、

「ちょっと待って！　みんな、静かにして！」

　あわててみんなを制止しました。それから、「そ

こに隠れて」「しゃべっちゃだめ！」と、身ぶり手ぶりで指示しました。

メイの指示にしたがって、みんなが店の奥にあるイートインコーナーに隠れていると……。

「来た！」

まるまると太った黒ネコが、そろりそろりと、店に近づいてきました。

みんなは息をこらして見つめています。

黒ネコは、用心深くあたりをうかがうと、店の

中に足をふみいれようとしました。

　……そのときです！

♪ピンポーン

　チャイムの音が鳴り響きました。黒ネコは、ビ

クンと足をとめます。

　次の瞬間。

♪ネコ　フンジャッタ〜　ネコ　フンジャッタ〜

　タルタマくんが大きな声で歌いだしました。

　黒ネコは飛びあがると、一目散に逃げてゆきま

した。

「やったー！」「すごいよ、タルタマくん！」

　そこへ、「ニャーン」とネコの声が聞こえてき

ました。

「茶々丸だわ。散歩からもどったみたい」

　ぴーちゃんのつぶやきで、みんなの間に緊張が

走りました。

（タルタマくん、茶々丸にはどう対応するんだろう？）

ごくりとつばを飲みこむセイ。みんなも、ドキドキしながら成り行きを見守っています。

……すると、

♪ぽわん

タルタマくんに再び光がもどりました。茶々丸に気づいたようです。

「ニャーン」

何食わぬ顔で近づいてきて、

店に足をふみいれる茶々丸。

（どうする？）（どうなる？）

みんなの視線が、タルタマくんに注がれます。

「…………」

チャイムは鳴りません。

──歌も、聞こえてきません。

茶々丸はそのままトコトコ歩いて、ぴーちゃんのもとにやってきました。

「ニャーン」

足元にすりよってきた茶々丸を、「おかえり」とぴーちゃんが抱きあげます。

「やったー！」「大成功だー！」

タルタマくんの【ネコイレズ・システム】は大成功！

この日から、駄菓子屋「みやこ」のお菓子が消えることはなくなりました。

みなさん、こんにちは。ドクター・タカコです。ここでは、
【ネコイレズ・システム】の開発の裏側について紹介します。

これがセイたちから届いた画像です。今回のポイント
は、「コンピュータに茶々丸とほかのネコを見分ける」
ように学習させることですね。

まずは、届いた画像を整理しましょう。茶々丸の画像
には〇、ほかのネコの画像には×をつけます。
このような画像データを用いて、コンピュータに茶々
丸とほかのネコの画像を見分けるように学習させ、
AI（【ネコイレズ・システム】）を創りあげていきます。

× 　〇 　×

× 　× 　×

画像を入れると、AIが〇や×と答えてくれるように
なりました！

さらに画像を整理して学習し直させたり、プログラム
を微調整したりして、より正確に認識できるようにし
ていきます。

今回登場したAIの技術は、「画像認識（メディア認識）」
と呼ばれる技術です。画像・映像・音声から、何がうつっ
ているか、何が聞こえるかを発見することができます。さ
らに、だれが部屋に入ってきたかを見分けたり、会計の際
に商品を画像から識別したりすることもできます。

もっと知りたいときは
調べてみよう！

AI 画像認識 🔍

3 駄菓子屋「みやこ」のピンチ②
～ぴーちゃんの勘が外れる!?～

「はぁーあ」

　いつもの朝です。小学校へ向かう途中で、ヒロがため息をつきました。

「どうした、ヒロ？　駄菓子屋『みやこ』でまた事件か？」

「あの黒ネコがまたお店に来るようになっちゃったとか？」

　心配するセイとメイをよそに、

「ああ、あの黒ネコね。あのネコなら、毎日のように店に来てるよ」

　ヒロは力なく答えました。

「えっ、ヒロくん、どういうこと？」

「タルタマくん、役に立ってないのか？　もしかして、故障か？」

「ちがうんだ」と、ヒロは首をふりました。

「タルタマくんは元気だよ。あのあともこりずに

やって来た黒ネコを、せっせと追いはらってくれ

た。そしたら、ぴーちゃんが『なんだか気の毒

ねぇ』って言いだして。店のお菓子に手を出さな

いようにしつけたんだ。そのうちタルタマくんの

チャイムや歌にもなれてきて……。今じゃ『クロ

ちゃん』なんて呼ばれて、茶々丸といっしょに看

板ネコをやってる」

「さすが、ぴーちゃんね」

　メイが笑いながらうなずきました。

「黒ネコのことじゃないとしたら、何が問題なんだ？　ぴーちゃんのことか？」

セイの言葉に、「うん」とヒロがうなずきます。

「今回のはちょっと深刻なんだ。このままだと、ぴーちゃん、駄菓子屋『みやこ』をやめるかもしれないんだ」

セイはメイと顔を見合わせました。

「そんなにたいへんなことなら、早く言えよ！」

「みんなで『みやこ』に行ってみましょうよ」

「ありがとう。ぴーちゃんもきっとよろこぶよ」

三人は放課後、駄菓子屋「みやこ」に行く約束をしました。

「セイくん、メイちゃん、来てくれたの？　ありがとうね」

茶々丸をひざにのせて、力なく笑ったぴーちゃんは、からだがひとまわり縮んでしまったみたい

41

です。

「ぴーちゃん、どうしたの？　何があったの？」

　メイの問いかけに、「それが……」と、ぴーちゃんが口を開きました。

「最近、何かがおかしいのよ」

「どんなふうにおかしいの？」

「仕入れに関することなんだけどね。ある商品がなくてがっかりされたり、逆にたくさん売れ残ってしまったり。なんだかうまくいかないの」

　ぴーちゃんは「はぁーっ」とため息をつくなり、だまりこんでしまいました。

　すかさず、「かわりにぼくが説明するよ」とヒロが話しだしました。

「この前、『チャッカリマンチョコ』が爆売れした日があったんだ。その日は、子どもだけじゃなくておとなも大勢買いに来たらし

い。みんながチョコをほしがるから、すぐになく

なっちゃったんだ。買いに来ても、棚は空っぽだ

ろ？　ぴーちゃん、あとから来た人たちに『せっ

かく買いに来たのに！』とか『どうしてないんだ

よ！』って責められたんだって」

「はぁーっ」

　ぴーちゃんは、またため息です。

「品切れなんて、よくあることじゃないか、ぴー

ちゃん」

「そうよ、文句を言うほうが悪いのよ。ね、ぴー

ちゃん」

　はげます二人に、ヒロが「それだけじゃないん

だ」と首をふりました。

「逆に『これはいつもこの時期によく売れるか

ら』って仕入れた商品がぜんぜん売れなくて、た

くさん残ってしまったりしてるんだって」

　そこでようやく、ぴーちゃんが口を開きました。

「売れ残るのは仕方ないけど、欠品はねぇ……。楽しみにしてわざわざ買いに来てくれたお客さんに、迷惑をかけるってことだからねぇ。仕入れの勘には自信があったんだけど、最近外れることが多くなっちゃって。こんなこと初めてでどうしたらいいか……」

「ぴーちゃん、お店を続ける自信がなくなっちゃったんだって」

ヒロも心配そうです。

「つまり、これまでずっと当たってた勘が当たらなくなった、と？」

セイは、目を閉じて天をあおぐと、眉間に人差し指をあてました。

そして、おもむろに口を開きました。

「それって、〝あやかし〟のしわざなんじゃないかな？　じゃなきゃ、何十年も『みやこ』を続けてきたぴーちゃんの勘が外れるわけないよ」

「〝あやかし〟？　まあ、どうしましょう！」

　ぴーちゃんが茶々丸をギュッと抱きしめました。

「セイくん、何とかしてあげて！」と言うヒロに、

「まかせろ！」とセイは答えました。

「ちょっと待った！」

　それまでだまって話を聞いていたメイが口を開きました。

「何度も言うけど、〝あやかし〟なんていないから。ほら、ぴーちゃんを見て！」

　セイとヒロが目をやると、ぴーちゃんは茶々丸を抱きしめてふるえています。

「でも……」とまだ何か言いたそうなセイを、メ

イは「聞いて！」とおさえると、

「セイ、それからヒロくんも、ちょっと問題を整理しない？」と提案しました。

問題を整理しよう！

「さっきの話は、商品の仕入れに関わる話だよね。ね、ぴーちゃん？」

　メイの問いかけに、「ええ」と、ぴーちゃんがようやく顔を上げました。

「ぴーちゃんは、いつもどんなふうに商品を仕入れているの？」

「そうねぇ。商品を問屋さんに注文して取りよせるんだけど、だいたいは『去年はこうだったなぁ』と思いだしながら同じ数を注文する。それから、そのときの勘で、いつもより多く注文したり、逆にへらしたりもしているね」

「勘で？」

「そう、勘で。何しろ、セイくんやメイちゃんのお父さんが子どものころからそうやってきたからねぇ」と、ぴーちゃんは力なくつぶやきました。

「そうかぁ。勘かぁ。うーん」

腕組みをして考えこんでいたメイが、再び口を開きました。

「ぴーちゃんには悪いんだけど、そもそも勘で商品を仕入れるって難しいんじゃないかな？　勘じゃなくて、どれくらい売れるか予測して仕入れたほうがいいんじゃない？」

「たしかに、勘って当たったり外れたりするよね」

うなずいたヒロは、

「メイちゃん、予測って、どうすればいいの？」

とたずねました。

「ええと……。『この時期には何が売れそうだ』とか、考えたらいいんじゃないかな？」

47

「なるほどねぇ。ねえ、メイちゃん、どうしたら勘に頼らずに『この時期に何が売れそうだ』ってわかるのかねぇ？」

　首をかしげて、ぴーちゃんがメイを見つめます。

「うーん、だれか予測してくれないかなぁ」

　つぶやきかけたメイがセイをふり返りました。

「そうだ、セイ、こんなときは……」

「おばさんに相談だ！」

　うなずいて、セイはタブレットを開きました。

　┌ 考えてみよう！
　どのぐらい売れるか予測して仕入れるにはどうしたらいいだろう？

〜ᐧ 予測しよう！

《なるほど、『需要予測』をしたいってことね？》

　セイの説明をきいたおばさんのアバターは、う

んうんうなずくと、

《できるわよ》と答えました。

「ジュヨウヨソクって？」

《『需要』は、『求める』という意味。『需要予測』

は、商品がどれくらい売れるかを、いろいろな要

素から検討して予測することなの》

「それをすると、どうなるの？」

《需要予測をして仕入れをすれば、商品を過不足

なくお店に用意することができるの。品物がなく

てお客さんに迷惑をかけることもないし、大量に

売れ残った在庫を抱えることもないってわけ》

「どうすれば、需要予測ができるの？」

《まずは、駄菓子が売れるかどうかに関係しそう

なことを考えること。次に、それがこの先、どう

変化するかを調べること。あ、それから、過去の
売り上げデータも必要ね。いつ、何がどれくらい
売れたかのデータを用意すること。用意できたら、
あたしに送って》

「わかった、やってみるよ」

《セイ、データは、多ければ多いほどいいからね。
じゃあ、がんばってね！》

「って、ことで、どうする？　まずは、駄菓子が
売れるかどうかに関係しそうな要因を考えなきゃ
だけど？」

「セイ、ちょっと待って。『駄菓子』といっても
種類が多いから、商品をしぼったほうがいいん
じゃないかな？」

「なるほど。ぴーちゃん、調べたい商品はある？」

「そうねぇ。うちの店で人気なのは、チョコ菓子
とラムネ菓子、アイスかな」

「じゃあ、その３つについて、売れるかどうかに
関係しそうなことを考えよう」

　セイが言うと「はい！」と、メイが手を挙げま
した。

「天気とか気温って、関係あるんじゃないかな？」

「たしかに、暑い日はジュースやアイスがほしく
なるし、寒くなるとチョコレートが食べたくなる
よな」

　セイがうなずくと、ヒロも手を挙げました。

「学校の行事は？　遠足とか、運動会とか、おや
つが必要なときはよく売れそうじゃない？」

「あー、あるある！」

　すると「はい！」と、ぴーちゃんも手を挙げました。

「あのね、予防接種とかテストも関係あるかもしれないよ」

「どういうこと？」

「注射を我慢したり、勉強をがんばったりしたとき、『ごほうび』として駄菓子を買ってもらう子がけっこういるんだよ」

「へぇ！」

「あとは、去年の売り上げデータだけど……」

「あるよ！」

　そう言うと、ぴーちゃんは引き出しから『みやこ日記』と書かれたノートを取りだしました。

「これには、日付と曜日、売れた商品のジャンルと個数なんかが書

いてあるの。お店を始めたころから、毎日つけてるんだよ」

　受けとったセイは、ぱらぱらめくってみました。

「うわー、すごいや！　これさえあれば、去年のデータはOKだな。ぴーちゃん、このノート、おばさんのところに送っていい？」

「え？　セイくん、そのノートをそのまま送るつもり？」

　ヒロが声をあげました。

「そうだけど？」

「データって、コンピュータに入力する数字とか文字のことだよ。おばさんは、プログラミングしやすいようにデータ化してほしいんじゃないかな？」

「プログラミング？」

「コンピュータに指示をあたえることだよ。データ化はぼくがやるね。実はこういうの、得意なん

だ。プログラミングやAIにも興味があるしね」

「すごいな、ヒロ。頼むよ」

「ヒロくんが売り上げデータをまとめている間

に、セイとわたしで天気や行事を調べようよ」

「よし、わかった！」

◎ データを集めてみよう！◎

おれは過去5年分の天気と気温、それからこの先1か月分の天気と気温を調べるよ。でもどうやって調べたらいいんだろう？

インターネットの天気データベースにアクセスするといいよ。

年月日	平安町 最高気温(℃)	平安町 最低気温(℃)	平安町 天気概況(昼：06時〜18時)
20××/1/17	2.5		
20××/1/18	2.4		
20××/1/19	0.4		
20××/1/20	0.7		
20××/1/21	2.6		
20××/1/22	3.9		
20××/1/23	3.1		
20××/1/24	4.6		
20××/1/25	5.8		
20××/1/26	9.8		

年月日	平安町 最高気温(℃)	平安町 最低気温(℃)	平安町 天気概況(昼：06時〜18時)
20××/8/1	33.8	24.6	晴れ
20××/8/2	33.5	24.9	晴れ
20××/8/3	33.1	25.5	くもり
20××/8/4	35.2	25.2	晴れのちうすぐもり
20××/8/5	36.6	25.4	晴れ
20××/8/6	36.1	26.4	晴れのちくもり
20××/8/7	35.3	24.8	晴れ
20××/8/8	27.5	23.1	くもり一時雨
20××/8/9	29.7	21.5	くもり時々晴れ一時雨
20××/8/10	31.4	24	くもり一時晴れ

送信

よし！ データを送ろう！

わたしはこの先１年間の学校行事と町内のお祭りやイベントを調べる。イベントは、商店街で聞いてくるね。

日	曜日	10月	曜日	11月	曜日	12月
1	金		月		水	
2	土		火		木	
3	日		水	文化の日	金	土曜授業日
4	月		木		土	
5	火		金	学校公開日	日	
6	水		土		月	
7	木		日		火	
8	金	運動会	月		水	保護者会
9	土		火		木	
10	日		水		金	
11	月	スポーツの日	木			
12	火		金			
13	水		土			
14	木		日			
15	金		月			
16	土		火			
17	日		水			
18	月		木			

ぼくは手書きの「みやこ日記」をプログラミングしやすいようにデータ化するよ。

日付	項目	売れた個数	在庫
20××0901	ラムネ	10	30
	おいしい棒	20	15
	アイス	4	12
	チャッカリマンチョコ	3	25
	おやつパルカス		30
20××0902	ラムネ	5	25
	おいしい棒	3	12
	アイス	7	5
	チャッカリマンチョコ	8	17
	レタス太郎	3	14

【駄菓子屋「みやこ」のお菓子予報】、スタート！

おばさんにデータを送ってから、数日後。

『【駄菓子屋「みやこ」のお菓子予報】プログラミング完了！　使い方はチャットで説明するね』とメッセージが届きました。

「それじゃあ、タルタマくんをセットするよ」

メイ、ヒロ、ぴーちゃんが見守る中、セイがスイッチを入れると……。

♪ぽわん　と、モニターが光り、

「【ダガシヤ『ミヤコ』ノ　オカシヨホウ】、スタート　シマス」と声がしました。

タルタマくんが起動したのを確認して、セイはチャットに話しかけました。

「おばさん、タルタマくんをセットしたよ」

♪ピーッ、ポポン！

音がして、おばさんのアバターが現れました。

《了解。セイ、タルタマくんに明日のお菓子予報

を聞いてみて》

「わかった！」

　うなずくと、セイはタルタマくんに話しかけました。

「タルタマくん、明日のお菓子予報を教えて」

♪ピ、ピ、ピ、ポーン

「ダガシヤ　ミヤコノ　オカシヨホウヲ

オシラセシマス」

　タルタマくんが話しだしました。

「アシタハ　ハレ。

サイコウキオン　30ド。アイ

スガ　ヨク　ウレルデショウ」

「わーっ！」

　セイもメイもヒロも大よろこびです。

《みんな、よろこぶのはまだ早いわよ》

　チャットの中で、おばさんが笑っています。

《大事なのは、この予報をもとに何をどれだけ注文するか、よ。セイ、続けて聞いてみて》

「うん！」とセイ。

「タルタマくん、何をどれだけ注文すればいいか教えて」

♪ピンポーン

「チュウモンハ　チョコガシ５コ。ラムネガシ１０コ。アイス30コ」

「ありがとう、タルタマくん！」

「ドウイタシマシテ」

「ぴーちゃん！」

　セイがふり返ると、ぴーちゃんはうなずいて、さっそく問屋さんに注文しました。

　次の日、セイとメイが駄菓子屋「みやこ」に行ってみると……。

　「みやこ」の店先の冷凍ショーケースに、人だ

かりができています。

　子どもだけではありません、おとなもいます。

「あ、ぴーちゃんだ。ヒロもいる！」

　お店の中では、ぴーちゃんとヒロが忙しそうに

動き回っています。

　ぴーちゃんは、すっかり元気になったようです。

「おれたちも、アイス食べようぜ！」とセイ。

「そうね」とメイ。

　二人は、駄菓子屋「みやこ」の中に飛びこんで

ゆきました。

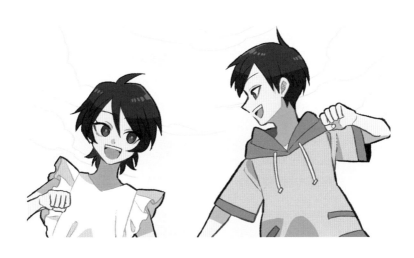

今回もタルタマくんが大活躍だったようですね。ここでは【駄菓子屋「みやこ」のお菓子予報】開発の裏側を紹介します。

> 今回のポイントは、「過去のデータから未来の売り上げを予測する」ように学習させることでした。

> データを分析する前にはまず、データを整理する必要があります。これを「前処理」といいますが、今回はヒロくんがやってくれていますね。

> これは、データから「気温とアイスの売り上げ」をグラフにしたものです。気温が上がるにつれて、アイスも売れるようですね。

> ほかにも、「曜日と売り上げ」「学校のイベントと売り上げ」など、関係しそうなものを確認しながら、学習させていきます。

今回登場したのは、AIの「数値予測（需要予測）」と呼ばれる技術です。過去のデータをもとに、少し先の未来の数値を予測する「数値予測」は、たとえば、渋滞の予測や、病院の待ち時間の予測などに利用することができます。

AI 数値予測

第2章

駄菓子屋「みやこ」をチームで応援！

～AIができること～

1 結成！ チーム「みやこ」

　今日は日曜日。セイとメイの家に、ヒロが遊び
に来ました。

「これ、ぴーちゃんから」

　言いながらヒロがリュックから取りだしたの
は、「セイくんへ」「メイちゃんへ」と書かれた紙
ぶくろです。中には、いろいろなお菓子が入って
います。

「ぴーちゃん、セイくんとメイちゃんにめちゃく
ちゃ感謝してた」

「そうか」

「ヒロくん、タルタマくんはどう？」

「大活躍だよ。タルタマくんのおかげで、お菓子
が足りなくてお客さんに迷惑をかけることも、逆
にたくさん売れ残って困ることもなくなったよ」

「そうか、よかったな」

「それだけじゃないよ。タルタマくん、すっかり駄菓子屋『みやこ』になじんで、店のマスコットになっちゃってる。ぴーちゃんも毎日楽しそうだよ」

　ヒロはうれしそうです。

「じゃあ、お客さんもいっぱい来てるんだな？」

「アイスを買ったとき、にぎやかだったもんね？」

「え？　あ、まあ、うーん」

　なぜかヒロは口ごもります。

「もしかして、お客さん、あんまり来てないとか？」

「まあ、ね。昔はお店に入れない子がいるぐらいにぎわっていたらしいけど。年々少なくなってきているみたい」

「うちの父さんも、『おれが子どもだったころ「み やこ」はいつも大人気で、店に入るのに、順番待 ちになったこともあった』って言ってた。『店に 行けばぴーちゃんや友だちに会えるから楽しかっ た』って」

「ぴーちゃんは、『子どもがへっているから仕方 ないねぇ』って言ってる。でも、ちょっぴりさび しそうだった」

「ふうん」

　セイは、額に人差し指をあてて目を閉じました。

「あ、あの、セイくん。今の話、別にあやしいと ころはないよね?」

「セイ、お客さんが少ないのも、子どもがへって いるのも〝あやかし〟のせいじゃないからね?」

「…………」

　ヒロとメイが話しかけても、セイはポーズを決 めたまま返事もしません。が、やがて……

「いいこと考えた！　おれたちで、チーム『みや

こ』を作ろう！」

「チームって何をするの？」とメイ。

「駄菓子屋『みやこ』を応援するんだ」

「応援って、どんなふうに？」とヒロ。

「それを考えて実行するのが、チーム『みやこ』

だ！」

　セイの言葉に、メイとヒロが顔を見合わせます。

「心配するな、おれたちにはタルタマくんがいる。

タルタマくんを使って、駄菓子屋『みやこ』をも

りあげるんだ」

「ありがとう、セイくん。

ぴーちゃん、よろこぶよ」

「セイがまた〝あやかし〟と

か言いだすんじゃないかと

思って、ヒヤヒヤしちゃった」

　メイが笑うと、

「ヒーローは〝あやかし〟を退治するだけじゃないんだ。困りごとを解決し、みんなを幸せにするのもヒーローの使命なんだ」

セイは胸を張りました。

「まずは、タルタマくんに何をさせるか考えよう。それぞれアイデアを考えて、次の日曜日に駄菓子屋『みやこ』で作戦会議をしよう」

「わかった！」「いいわよ！」

セイは、タルタマくんがいれば何でもできるような気持ちになりました。

2 応援① オリジナルクジを作ろう！

「それじゃあ、チーム『みやこ』のアイデア会議をはじめよう」

ここは、駄菓子屋「みやこ」の奥にある、イートインコーナーです。

セイの言葉で、アイデア会議がはじまりました。

「一人ずつ順番にアイデアを発表しよう。じゃあ、まずは言いだしっぺのおれから！」

　セイは手を挙げて立ちあがりました。

「おれのアイデアは、駄菓子屋『みやこ』オリジナルのクジです。何回もお店に来てもらえるように、お店に来たら１回ひけることにするんだ」

「クジ？　ぼくもクジ、大好きだよ。ドキドキするよね？」

「おれも大好きなんだ。運試しみたいでさ。何回もチャレンジしちゃうんだ」

「きっとセイくんやぼくみたいな子、いっぱいいるよね？」

「だろ？　しかも。ただのクジじゃないんだ。駄菓子屋『みやこ』にしか置いてないクジなんだ」

「いいね、それ」

　セイとヒロはもりあがっています。

「それ、すっごくおもしろそう！　で、セイくん、どんなクジにするの？」

「タルタマくんを使(つか)うんだ」

「へえ、どんなふうに？」

「タルタマくんにタッチすると、モニターに『アタリ』とか『ハズレ』って出(で)るようにする」

「なるほど」と、ヒロがうなずきます。

「セイくんのおばさんにお願(ねが)いしてプログラミングしてもらえば、きっと『アタリ』とか『ハズレ』を不規則(ふきそく)に出(だ)すこともできるし、『アタリ』が出(で)る確率(かくりつ)を操作(そうさ)することもできそうだね」

「だろ？　おれのときには、百発百中(ひゃっぱつひゃくちゅう)で『アタリ』が出(で)たりして！」

「きっとそれもできると思(おも)うよ。黒(くろ)ネコを見分(みわ)け

たときみたいに、画像認識でセイくんの顔を覚え

させるんだ。セイくんがやるときは、ぜんぶ『ア

タリ』になるようにプログラミングして……あ、

でも……」

　急にヒロがだまりこみました。

「なんだよ、ヒロ。どうした？」

　ヒロはちょっと考えて、言いにくそうに答えま

した。

「それって……おもしろいかな？」

「え？」

「クジってさ、自分の手でひくのが楽しいんじゃ

ないかな。何が出るかわからないものを、自分の

手でひくから、ドキドキするんじゃないのかな？」

　セイはメイと顔を見合わせました。

「たしかに、そうかもな。自分でひくからおもし

ろいんだよな」とセイ。

「そうね。それに、駄菓子屋『みやこ』のオリジ

ナルクジなら、自分でひくほうがお店の雰囲気に合ってるかもしれないね」とメイ。

「セイくん、こうしたらどうかな？　『アタリ』とか『ハズレ』と書いた紙を小さく折りたたんで箱に入れて、それをひいてもらうんだ。クジは三人で作ろうよ」

「いいね！」「おもしろそう！」

　ヒロの提案に、二人も大賛成です。

「で、賞品はどうしようか？　セイくん。ただでひいてもらうクジだもん、お金はかけられないよね？」

「何かいい賞品はないかなぁ～」

「何かいいアイデアはないかなぁ～」

　セイとヒロが、メイをじーっと見つめます。

「そんなふうに期待されても、そう簡単にひらめくわけが……あっ！」

「どうした、メイ、何かひらめいたか？」

「うん！　あのね、あそこにあるあれを賞品にし

たらどうかな？」

　メイが指差したのは、いつもぴーちゃんが使っ

ているお会計用の机でした。

　机の上には、折り紙が飾ってあります。

「ぴーちゃん、お店に来る子にときどき折り紙を

折ってあげてるでしょ？　わたしも、お花やネコ

の折り紙をもらったことがある」

「あ、ぼくも、犬とか恐竜とか、もらったことが

あるよ」

「おれは、鬼とか刀とかだな。ぴーちゃんって、

折り紙名人だよな」

「でしょ？　だから、ぴーちゃんの折り紙を賞品

にしたらいいんじゃないかな？」

「ぴーちゃんの折り紙かぁ。駄菓子屋『みやこ』らしい賞品だな」

セイがうなずきました。

「そうだね。折り紙ならそれほどお金もかからないし。ぴーちゃん、折り紙を折るのが大好きだし、前に『みんなによろこんでもらえるのがうれしい』って言ってたから、きっとOKしてくれるよ」

ヒロも笑顔でうなずいています。

「よし、じゃあ、賞品はぴーちゃんの折り紙ってことにしよう」

「ぼく、ぴーちゃんに相談してみるね」

「頼むぞ、ヒロ。ってことで、駄菓子屋『みやこ』オリジナルクジは、みんなでクジを作る。賞品は、ぴーちゃんの折り紙ってことでいいかな？」

「OK！」「いいよ！」

メイの目も、ヒロの目もキラキラ輝いています。

そんな二人を見ながらセイは、

（みんなでアイデアを出し合って、自分たちでか

たちにしていくって楽しいな）

と思いました。

3 応援② オリジナルカードを作ろう！

「じゃあ、次はヒロの番だ。アイデアを発表して

くれ」

　セイに指名されて、ヒロは「はい！」と答えて

立ちあがりました。

「ぼくが考えたのは、スタンプカードです」

「スタンプカードかぁ。どうしてスタンプカード

なんだ？」

「お店に何度も来てほしいからだよ。ラジオ体操

のカードみたいに、お店に来るたびにスタンプを

押すんだ。スタンプが10個集まったら、何か景

品をあげる。お客さんは、スタンプを集める楽し

みと、景品がもらえる楽しみがあって、何度も足

を運んでくれると思うんだ」

「スタンプカード、いいよね。わたしも文房具屋

さんとかパン屋さんのスタンプカードを持ってる

よ」

　メイの目は輝いています。

「ヒロくん、スタンプカードを

するには何を用意すればいい？」

「スタンプと、台紙と、景品だね」

「スタンプと台紙は駄菓子屋『みやこ』オリジナ

ルのものがほしいよね」

「オリジナル……ってことなら、タルタマくんに

作ってもらおうよ。おばさんに相談するからさ」

　セイは、さっそくタブレットを取りだしました。

「あ、待って、セイ」

「何？」

「スタンプと台紙、わたしが作るよ」

「そうか、メイちゃん、図工が得意だもんね！」

とヒロがうなずきます。

「スタンプは、消しゴムを彫って作る『消しゴムスタンプ』にすればいいし。台紙も、色鉛筆やカラーペンで書いて、コピーすればいいと思う。わたし、絵を描いたり、何か作ったりするのは好きなの。まかせて！」

　メイはガッツポーズです。

　そんなメイを見て、セイはうなずきました。

「そっか。おれ、全部タルタマくんにやってもらおうと思ってたけど、自分たちでできることは自分たちでやったほうがいいよな」

「うん、そのほうがきっと楽しいよ」とメイ。

「そうだね。じゃあ、メイちゃん、よろしくね。……あ、スタンプを押す枠は、ぼくが作るよ。需要予測で表を作ったときの要領で作れると思う」

「お願い、ヒロくん」

「頼むぞ、ヒロ」

「まかせて！　……で、景品はどうしようか？」

「景品かぁ」

　セイとヒロが腕組みをしたところで、

「あのう」と、メイが手を挙げました。

「なんだメイ、また何かひらめいたのか？」

「すごいよメイちゃん！　今度は何をひらめいたの？」

「ひらめいたっていうか、わたしが会議のために用意してきたアイデアなんだけどね。もしかしたら、ヒロくんのアイデアにくっつけたらうまくいくかも」

「へぇ。じゃあメイのアイデアを発表してくれ」

メイは「はい！」と立ちあがると、

「わたしが考えたのは、これです」と、バッグから色紙を取りだしました。

色紙には、うさぎふうにアレンジされたメイの顔が描かれています。

「わあ、似顔絵かぁ。ぼくも遊園地で描いてもらったことがあるよ」

「この似顔絵、この前、家族で旅行に行ったときに描いてもらったやつだな」

「いいでしょう？　スタンプカードを10個集めた人に、似顔絵をカードにしてプレゼントするっていうのはどうかな？」

メイは満面の笑顔です。

「いいね。似顔絵、みんな好きだよね。絵描きさんによって、ぜんぜんちがう表情になるからおも

しろいよね」

「それに、記念にもなるしな」

「景品は、いつも駄菓子屋『みやこ』に来てくれている子どもたちだけじゃなくて、おとなも来たくなるようなものがいいんじゃないかと思うんだよね。だから、似顔絵をカードにするの。トレーディングカードみたいに」

「たしかに」とヒロがうなずきました。

「駄菓子屋『みやこ』を知らない人に来てもらえば、お店はもっとにぎやかになるよね」

「似顔絵ならおとなも子どももみんな好きだし、トレカを集めてる人もいっぱいいるしな。……で、メイ、似顔絵をだれが描くんだ？　絵描きさんにお願いするのはたいへんなんじゃないか？」

「もしかして、メイちゃんが描くとか？」

「え？」と目をぱちくりさせると、メイはぷっとふきだしました。

「それは無理！」

「え、じゃあ、どうするの？　だれが描くの？」

「似顔絵を描くのは……この子です！」

　メイが指差したのは、タルタマくんでした。

「タルタマくんに？　どうやって？」

「実は、こっそりおばさんに相談してみたんだ。

そしたら、AIは……タルタマくんは、絵を描く

のは得意なんだって」

「へえ」

「どうやって描かせるんだ？」

　セイとヒロがタルタマくんを見つめました。

「ベースになるイラストに、似顔絵を描いてもら

いたい子の顔写真を合成するんだって。おばさん

からは、『AIの画像生成という機能を使ってタル

タマくんにプログラミングするから、みんなは

ベースになるイラストを用意して』って言われ

た」

「ベースになるイラストかぁ」

「駄菓子屋『みやこ』オリジナルのイラストがい

いよね」

「だれかに描いてもらえないかなぁ」

　考えこんでいた、そのときです。

「ん？」

　セイが、壁に飾られた色紙に目をとめました。

『思い出いっぱいの　大好きな「みやこ」さんへ』

と書かれたその色紙には、サインのほかにイラス

トがそえられています。

「あの色紙、この前来たときはなかったよな？」

「ああそれ？　きのう、雑誌の取材で来た人がく
れたんだって」

　セイは、色紙に描かれたイラストを見つめてい
ます。

　やがて、セイの目がキラン！　と光りました。

「なあ、この絵、かっこよくないか？」

「かっこいいかも」とメイ。

「『思い出いっぱいの』と書いてあるってことは、
駄菓子屋『みやこ』に子どものころに通ってた人
じゃないか？」

「ってことは、ぴーちゃんの知り合いかも。ぼく、
ちょっと呼んでくる」

　ぴーちゃんは、すぐにやってきました。

「その色紙がどうかした？」

　セイが駄菓子屋「みやこ」オリジナルカードの
話をすると、

「ああ、それならお願いできるかもしれないよ。

その色紙を描いてくれた子、ミノルさんっていうんだけど、小さいころから店に来てくれていた子でね。絵が好きで、今、ゲームの絵を描くお仕事をしてるって言ってたよ」

「ゲームの絵？」

「キャラクターデザインってこと？」

　三人は顔を見合わせました。

「きのう、雑誌の企画で来てくれてね、『みやこ』を〝心の原点〟として紹介してくれたんだよ。『ご恩返しがしたいから』って、その絵を描いてきてくれたのよ。キャラクターの足元に何か書いてあるでしょう？」

　セイがあわてて色紙を見直すと、「駄菓子戦士 MIYAKO」と書かれています。

「うわっ、これ、オリジナルキャラクターじゃん！」

駄菓子戦士
MIYAKO

「すごい！」

「これさえあれば、駄菓子屋『みやこ』のオリジナルカードを作れるね」

　みんな、大よろこびです。

「ぴーちゃん、この絵を使ってもいいかどうか、ミノルさんに聞いてみて」

「そうね、聞いておくね。きっと大丈夫よ」と、ぴーちゃんは笑顔でうなずきました。

「この『駄菓子戦士 MIYAKO』を使ったカードは、きっと評判になるぞ」

「スタンプカードの景品にしたら、きっと子どもだけじゃなくて、おとなも店に足を運んでくれるよね」

「いつか、本物のゲームになったりして！」

　話すほどに、わくわくする気持ちがふくらんでゆきます。駄菓子屋「みやこ」は、ぐんぐん明るさを増してゆくようでした。

駄菓子戦士 MIYAKOと自分の写真を組み合わせたら、どんな絵ができあがるのか楽しみですね。今回はAIによる【画像（メディア）生成】について紹介します。

今回のポイントは、「AIに新しい画像を生成させる」ことでしたね。セイたちは、画像から合成された新しい画像を創りだすように学習させました。

画像は、文字から生成することもできます。
たとえば、「チョコレートを食べているAIロボット」というように指示を出すと、絵を創ってくれます。
「子どもとネコがいっしょに本を楽しんでいる絵」というように、指示することもできます。

チョコレートを食べているAIロボット

絵のタッチもアニメ風や有名な画家に似たものなどさまざまあります。

子どもとネコがいっしょに
本を楽しんでいる絵

このような画像を生成するためには、AIにさまざまな学習をさせなければなりません。
たとえば、大量のテキストと画像を使って、テキストと画像の関係性を学んだり、より本物らしい画像を生成する方法を学習したりする必要があります。

今回登場したAIの技術は、「画像（メディア）生成」と呼ばれる技術です。アイデアをひろげるために画像を創ってもらったり、文章に合わせて挿絵を創ってもらったりするなどの活用が考えられます。

AIによる絵や画像の作成技術は急速に発展しています。新しいものを生みだすのは苦手とされたAIですが、今後はどうなるでしょうか？

AI 画像生成 🔍

4 応援③ つめ合わせ作りを手伝おう！

「ここまで、ぴーちゃんの折り紙が当たるオリジナルクジと、オリジナルカードがもらえるスタンプカード、駄菓子屋『みやこ』の応援企画が二つ決まったけど、ほかにアイデアは？」

　セイがみんなを見回しましたが、手を挙げる人はありません。

「なければ、チーム『みやこ』のアイデア会議はこれで……」

　言いかけた、そのときです。

「ちょっと待って、セイ。ぴーちゃんにも聞いてみない？」

　そう言って、メイはぴーちゃんに話しかけました。

「ぴーちゃん、チーム『みやこ』に何か応援してほしいことはない？」

ぴーちゃんは、「ありがとう」と言うと、ちょっと考えて話し始めました。

「応援してほしいことというより、相談なんだけど……」

　ぴーちゃんの話は、こうでした。

　次の日曜日に、平安町の商店街では「町おこしイベント」が、シルバーセンターでは「センター祭り」が、さらに幼稚園では「おゆうぎ会」がおこなわれ、それぞれの主催者から駄菓子のつめ合わせの注文が来ているというのです。

「同じ日に、３か所から注文が来るなんて初めてで、おどろいちゃって」

「ぴーちゃん、すごいよ。駄菓子屋『みやこ』大人気じゃん！」

　セイはニコニコしていますが、

「でもねぇ」と、ぴーちゃんはうかない顔です。

「つめ合わせって、目的や予算に合わせてお菓子の組み合わせを考えるのがけっこうたいへんなのよ。それも一日に３か所分なんて……。そんなにたくさんのつめ合わせ、約束の時間までにちゃんと作れるかどうか心配で、心配で……。ありがたいけど、自信がないから断ろうかと思ってるの」

「待って、待って！」

メイが声を上げました。

「せっかく来た注文なのに、断るなんてもったいないよ。それに、子どもだけじゃなく、いろんな人に駄菓子を食べてもらうチャンスだと思う」

「そうだよ、ぴーちゃん。こんなときこそ、おれたちチーム『みやこ』の出番だよ。応援するよ」

「ありがとう、メイちゃん、セイくん」

お礼を言うぴーちゃんのとなりでヒロが、

「でもさ、どうしたらいいんだろう。どうしたらできるんだろう」と頭をひねっています。

セイとメイも「うーん」と考えこみました。

——そのときです。

♪ピンポーン

チャイムの音がしました。……次の瞬間。

♪ネコ　フンジャッタ～　ネコ　フンジャッタ～

タルタマくんが歌いだしました。どこかのネコ

が、店に入ろうとしたようです。

「あ」と、セイとメイが顔を見合わせました。

「タルタマくん！」「タルタマくんだ！」

セイはさっそくおばさんをチャットで呼びだし

ました。

考えてみよう！

約束の時間までにお菓子のつめ合わせを作るには、

どんな情報がタルタマくんに必要だろう？

90

《なるほど、そういうことね。それならAIの『最適化』機能が役に立ちそうね》

「最適化機能？」

《そうよ。セイ、日曜日の注文について、3件それぞれの目的と予算と個数を調べて送って》

「わかった」

《それから、今、お店にある品物の品名と個数、値段も調べて、それも送ってちょうだい》

「うん、わかった。……ぴーちゃん」

　チャットを閉じて、セイがぴーちゃんをふり返りました。

「3件の注文の目的と予算と個数を教えて」

「ちょっと待ってね。ここに書いておいたわ」

　ぴーちゃんは、引き出しからメモを取りだしました。

🔩 情報を整理しよう！ ⚙️

■注文①商店街「町おこしイベント」 目的：スタンプラリーの景品　予算：300 円（個） 個数：100 個　主な参加者：子どもからおとなまで
■注文②シルバーセンター「センター祭り」 目的：交流会のおやつ　予算：600 円（個） 個数：30 個　主な参加者：高齢者
■注文③幼稚園「おゆうぎ会」 目的：プレゼント　予算：500 円（個） 個数：60 個　主な参加者：幼稚園の子どもたち

 商店街のイベントの参加者は、いろんな年代の人みたいだから、甘い系・しょっぱい系、いろんな種類を組み合わせるとよろこんでもらえそうだな。

センター祭りは、お年寄りが多いから、昔からある駄菓子を中心にしたらどうかな？

おゆうぎ会は、小さい子たちがよろこびそうなものがいいね。

 ええっと、300円のつめ合わせを作るには……チャッカリマンチョコ80円、おいしい棒10円、レタス太郎30円、ラムネ20円、チョコ30円で……つめ合わせって難しいぞ！

日曜日の朝、おばさんから『【ドンピシャつめ合わせシステム】プログラミング完了！ タルタマくんの指示にしたがってね』とメッセージが届きました。

セイとメイはいそいで「みやこ」に向かい、ヒロと三人でつめ合わせ作りを手伝いました。

タルタマくんの指示通りに作った結果、3種類190個のつめ合わせを、約束の時間にそれぞれの注文先へ届けることができました。

イベントでつめ合わせを受けとった人の中には「ひさしぶりに駄菓子を食べた」という人や、「初めて」という子どももいて、駄菓子屋「みやこ」にまた新しいファンが生まれました。

無事に、駄菓子のつめ合わせが完了したようですね。今回はAIの「最適化」機能について紹介します。

今回のポイントは、「予算と条件に合わせた、最適なお菓子のつめ合わせを考える」というところでしたね。

ここで問題です。「駄菓子屋さんに、10種類のお菓子があります。その中から、3つ選んでつめ合わせを作るとしたら、何種類のつめ合わせができるでしょうか?」

正解は、120通りです。実際の駄菓子屋さんには、もっとたくさんお菓子があるので、つめ合わせの種類はさらに多くなります。つめ合わせを考えるときには、予算や受けとる人の好みも考えなければいけません。

AIなら、さまざまなパターンを考えなくてはいけないときも、高速で処理することができます。

駄菓子①	駄菓子②	駄菓子③	予算	好み
イチゴあめ	バナナあめ	メロンあめ	○	5(好き)
イチゴあめ	バナナあめ	オレンジあめ	○	4(まぁまぁ好き)
イチゴあめ	バナナあめ	ぶどうあめ	○	3(ふつう)
イチゴあめ	バナナあめ	ラムネ	×	2(あまり好きではない)
イチゴあめ	メロンあめ	オレンジあめ	○	1(きらい)

今回登場した「最適化」と呼ばれる技術では、決められた条件に合う組み合わせを考えることができます。たとえば、手持ちの服から最適なコーディネートを考えたり、栄養や予算に合わせた食事メニューの提案をしたりする場面で活用されています。

AI 最適化 🔍

コラム　考えてみよう〜人間並みの知能って？〜

メイは、タルタマくんに自分そっくりの動きをするようにプログラミングして、セイにチャットを送りました。

メイと〝メイのふりをしたタルタマくん〟から届いたチャットを、セイは見分けることができるでしょうか？

 どちらが本物のメイでしょう？

 メイでしょう？

えー、難しいなぁ。
あなたはAIですか？

 ちがいます！

 ちがいます!!

えー、わからないよ。

セイは困っていますね。あなたなら、どんな質問をしますか？

このように、人間かAIかを見分けるようなテストを「チューリングテスト」といいます。

チューリングテストは、新たに開発されたAIが本当に人間のような知能をもっているかどうか確認するために行われます。

どんなことができるようになると、「AIが人間のような知能をもった」といえると思いますか？　ぜひ、考えてみてください。

コラム

考えてみよう～正しいことって？～

駄菓子屋「みやこ」の定休日は決まっていません。セイ、メイ、ヒロはタルタマくんに、最適な定休日を判断してもらいたいと考えました。さて、どうなるでしょうか？

 タルタマくん、来月の定休日はいつがいいかな？

 月曜日と火曜日がお休みだと、サッカーチームの子どもたちは買いに来られません。水曜日と木曜日がお休みだといつも来てくれる女の子が買いに来られません。

 サッカーチームだと大勢で来てくれそうだよね。お休みは水曜日と木曜日がいいんじゃないかな？

 ちょっと待って！　それだといつも買いに来てくれる女の子が来られなくなっちゃうよね？

 でもさぁ、一人のために大勢が来られなくなるのもなぁ。こういうとき、どうするのが正しいんだろう？

あなたはどう思いますか？

お店に来られる人数が重要でしょうか、それともよく来てくれるなじみの子が重要でしょうか？

AIは、さまざまなデータを活用しながら答えを出すことが得意です。ただし、答えの正確性や社会的な影響については常に考える必要があります。「一部の人が良い／いやな思いをするものになっていないか」、「何かの拍子に誰かを傷つける結果にならないか」。もしAIを開発したり／利用したりする場合には一度立ちどまって考えてみましょう。

96

AI ロボット・イクタマくん
エーアイ

〜 AI は進化する〜
エーアイ　　しん か

1 駄菓子屋「みやこ」は大忙し！

「テストも終わったし、今日は塾もスイミングもないし。なぁメイ、ひさしぶりに駄菓子屋『みやこ』に行ってみないか？」

　朝、登校しながら、セイがメイに声をかけました。

「いいね。あれから『みやこ』がどうなったのかも気になるし」

「わぁ、行ってくれるの？」

　ヒロの顔がパッと明るくなりました。

「セイくんとメイちゃんがいっしょに行ってくれるなら、心強いな。ぴーちゃんの様子、ちょっと気になってたから」

「もしかして、また『みやこ』がピンチになってるとか？」

「ぴーちゃんに何かあったとか？」

つめよるセイとメイに、ヒロが首をふりました。

「ちがうんだ。……まぁ、『みやこ』に行ってみ

ればわかるよ」

「これって……」

　セイは思わず声をあげました。

　駄菓子屋「みやこ」は、以前とは全く様子がち

がっていました。

　お店の中にも前にも、人がいます。子どもだけ

ではありません、中学生、高校生、おとなもいま

す。

「駄菓子屋『みやこ』のオリジナルスタンプを押してくださーい！」

「オリジナルクジをひきたいんだけど」

「スタンプが10個たまったよー！」

「『駄菓子戦士 MIYAKO』のオリジナルカードをお願いします」

「こっちもカードがほしいんだけど」

「クジで当たったんで、賞品をください」

「一番人気の商品は何ですか？」

「おすすめは何ですか？」

「お会計、お願いしまーす」

　みんな口々に言いたてるので、ただでさえせまい店の中は大さわぎです。

　中でも「駄菓子戦士 MIYAKO」のオリジナルカードは大人気のようで、タルタマくんの前には行列ができています。

　ぴーちゃんは？　と見ると……。

「スタンプはここで押しますよ」

「あ、クジはここでひいてね」

「ポイントが10個たまった人、オリジナルカード用の写真を撮りますよー」

　くるくるとお客さんの間を動き回っています。

　セイとメイとヒロは「たいへんなことになってる！」と顔を見合わせると、

「ぴーちゃん、おれ、手伝うよ」「わたしも！」「ぼくも！」

　あわてて店にかけこみました。

2 お手伝いロボットがほしい！

「楽しかったー！」

「また来るねー！」

　日暮れ近くになって、駄菓子屋「みやこ」の最後のお客さんが帰りました。

　セイとメイとヒロは、手分けをして店の片付けをしています。

　放りだされたスタンプとスタンプ台。床に捨てられたクジと包み紙。

　棚の商品も、ぐちゃぐちゃです。

　ぴーちゃんは疲れはてて、イスにすわりこんでいます。

　その姿を見て、セイはメイにそっと話しかけました。

「ぴーちゃん、大丈夫かな？　これって、おれたちの応援のせいだよな？」

「そうね。『みやこ』がにぎやかになったのはいいけど……」

「毎日これじゃ、忙しすぎるよな」

二人が話していると、「そうなんだ」と、ヒロがうなずきました。

「このままじゃ、ぴーちゃん、倒れちゃうかも」

「そうだよな。今日はおれたちが手伝えたからなんとかなったけど……」

「できるだけ手伝うつもりだけど、毎日は……難しいかな」

「ぼくたちが手伝えないとき、だれかお手伝いしてくれないかなぁ」

ヒロがため息をついた瞬間、

「それだ！」とセイがさけびました。

「え？」「何が？」

首をかしげるメイとヒロに、

「お手伝いを、タルタマくんにしてもらうんだよ」

とセイ。

「タルタマくんに？　できるの？」

「前におばさんが言ってた。『AIは、今はまだ人間と同じように考えることはできないけど、学習させればどんどん賢くなっていく』って。学習させれば、ぴーちゃんの手伝いもきっとできるようになるよ」

「たしかに」とヒロがうなずきました。

「レストランの配膳とか、おそうじとか、お年寄りのケアとか、人の暮らしをお手伝いするAIがいろんなところで活躍しはじめているもんね」

「だろ？　タルタマくんにぴーちゃんのお手伝いをさせられないか、おばさんに相談してみるよ」

　セイはタブレットでチャットを立ちあげました。

考えてみよう！

身のまわりで活躍している AI はあるかな？

♪ピーッ、ポポン！

　いつもの音がして、おばさんのアバターが現れました。

　セイの話を聞いたおばさんは、

《つまり、タルタマくんに駄菓子屋『みやこ』のお手伝いをさせたいということね？》と言うと、ニヤリと笑いました。

「え、どうして笑うの？」

《だって、予想通りなんだもの。チーム『みやこ』のアイデアが実現したら、きっと駄菓子屋『みやこ』にお客さんが大勢来るようになる。そうなったら、店は大忙し。みやこさん一人では、たいへんなんじゃないかな？　って》

「だったら、笑ってないでなんとかしてよ」

《もうなんとかしたよ》

　おばさんは、言い放ちました。

「ええっ！　何を？」

《そろそろお手伝いロボットがほしくなるころだと思って、タルタマくんのバージョンアップツールを送っておいたの。たぶん、今度の日曜日には『みやこ』に着くはずよ》

「バージョンアップツールって、どうやって組み立てるの？」

《簡単よ。タルタマくんをスイッチの上にセットするだけ。セットしたら自動的に起動するようにプログラミングしておいたから》

　言うだけ言うと、♪シュルンと音がして、おばさんのアバターは消えました。

3 タルタマくん⇒イクタマくん!?

　日曜日、三人が駄菓子屋「みやこ」に行ってみると、

「みんな、荷物が届いているよ」とぴーちゃんが教えてくれました。

「イートインコーナーに置いておいたからね」

　ぴーちゃんは今日も忙しそうです。

「二人がタルタマくんをセットしている間、ぼくがぴーちゃんを手伝うよ」

「頼む、ヒロ」

「ヒロくん、お願いね！」

　セイとメイは、さっそくイートインコーナーに向かいました。

　テーブルに置かれた箱には、**「タルタマくん⇒イクタマくん　バージョンアップツール」**と書かれています。

「イクタマくん？　……って、何だ？」

　セイがふたを開けてみると……。

「何だこれ？」

　バスケットボールほどの大き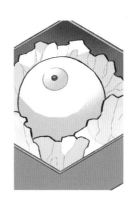
さの球体が出てきました。

　上のほうが少しへこんでいる

ほかは、全体的につるんとして

います。

「これが、バージョンアップツール？　おばさん、

『お手伝いロボット』って言ってたんだけど……」

「ぜんぜんロボットっぽくないよね」

　メイも首をかしげています。

「とにかく、タルタマくんをセットしてみるか」

　バージョンアップツールのへこんだところに

は、小さな赤いボタンのようなものがついていま

す。

「これがスイッチだな。この上にタルタマくんを

セットする……ってことは」

　セイはタルタマくんをくるりとさかさまにすると、頭のてっぺんの部分をバージョンアップツールのへこんだ部分にのせました。

　カチッ！　と音がして、タルタマくんのモニターが♪ぽわん　と光りました。

　次の瞬間……。

　ウィーン、ウィーン、ウィーン、ウィーン

　ボール状の胴体の４か所が開きました。

「わっ」

　セイとメイは、息をこらして見つめています。

　ウィーン、ウィーン、

ウィーン、ウィーン

　さらに音がして、右

手、左手、右足、左足

が出てきました。

「すごい、タルタマくんが……立ちあがった」

　つぶやいた瞬間、くるり。タルタマくんの顔が、セイのほうを向きました。

「セイクン、ボクノ　ナマエハ　イクタマデス」

「イクタマ？　タルタマくんじゃないの？」

「タルタマガ　バージョンアップ。イクタマニ　ナリマシタ」

　そういうと、くるり。イクタマくんが、向きを変えました。

「メイサン、イクタマデス。ヨロシク　オネガイシマス」

　あわててメイもあいさつを返します。

「よろしくね。……イクタマくん、しゃべれるんだね？　それに、わたしたちの顔も見分けられるんだね？」

「ハイ　シャベレマス。セイクント　メイサンヲ、ミワケル　コトガ　デキマス。ウゴク　コトモ　デキマス。ボクハ　ミヤコノ　オテツダイヲ　シマス。ナニヲ　シマスカ？」

イクタマくんが首をかしげました。

「すごい！」

セイとメイが顔を見合わせているところに、

♪ピーッ、ポポン！

タブレットから着信音が聞こえてきました。

セイがいそいでチャットを開くと、

《どうやらイクタマくんをセットできたようね？》

おばさんのアバターが現れました。

「すごいよ、おばさん」

「イクタマくん、会話できるし、動くんだね」

《まあね。二人とも、かんじんなのはこれからよ。イクタマくんに『みやこ』のお手伝いをさせるん

でしょう？　今、『みやこ』では何が問題で、何をさせたらクリアできるのか、チーム『みやこ』で話し合って、いつものように連絡して。協力するから》

「うん、お願い」

　セイは、さっそくチーム「みやこ」のアイデア会議を開くことにしました。

4 イクタマくん、始動！

　会議から数日後、おばさんから、

『【駄菓子屋「みやこ」お手伝い大作戦】プログラミング完了！　イクタマくんと仲良くしてね』とメッセージが届きました。

　セイたちチーム「みやこ」がアイデアを出し、ぴーちゃんと話し合って考えたお手伝いのメニューは４つです。

①お客さまのおもてなし

あいさつをしたり、お客さまのリクエストに

応えて対応したりする。

②商品のおすすめ

前の週の売り上げから駄菓子屋「みやこ」の

商品の《人気ベスト10》を紹介して、おすす

めする。

③買い物代金の計算

お菓子の代金を計算する。ただし、お金のやり

とりはぴーちゃんがする。

④おすすめサービス

お客さまの好みに合わせた商品をおすすめす

る。

「イクタマくんのお手伝いがあれば、駄菓子屋

『みやこ』は安泰だな」

セイはわくわくしています。

「イクタマくん、ちゃんと動いてくれるといいんだけど」

　メイはそわそわしています。

「大丈夫かな？　イクタマくん、ぴーちゃんを助けてくれるかな？」

　ヒロはドキドキしています。

　みんなの視線が集まる中、セイがスイッチを入れると、胸のマークが光を宿し、「【ダガシヤ『ミヤコ』　オテツダイ　ダイサクセン】、スタートシマス」

　イクタマくんが動き始めました。

午後3時半になりました。

「こんにちはー！」

　いつものように、近所の小学生たちが集まって来ました。

「コンニチハ　イラッシャイマセ」

　すかさずイクタマくんが声をかけます。

「わー、ロボットだ！」

「びっくりした！」

「ボクハ　エーアイロボットノ　イクタマクンデス」

「へぇ、イクタマくんはAIなんだ、すごいね」

「イクタマくんは何ができるの？」

　子どもたちは興味津々です。

「ボクハ　ダガシヤ『ミヤコ』ノ　オテツダイヲシマス」

「たとえばどんな？」

「ダガシヤ『ミヤコ』ノ　ニンキ　ショウヒンヲ

ゴショウカイ　シマス」

　セイとメイとヒロは、少し離れたところからイ
クタマくんを見守っています。

「イクタマくん、ちゃんとおもてなししてる！」

「ランキングをもとに、商品をおすすめするんだ
ね」

「みんな、イクタマくんの話をちゃんと聞いてる
ね」

「ニンキ　ランキング　ダイ　ジュウイハ……」

♪ドコドコドコドコドコ……

　ドラムロールが鳴り響きます。

セイがぷっとふきだしました。

「テレビのランキングコーナーみたいだ」

「本格的ね」

「セイくんちのおばさん、おもしろいね」

♪ドコドコドコドコドコ……ドドン！

「『プチプチ　チョコボール』！」

「うわあー！」

　子どもたちの間から、歓声があがりました。

「ニンキ　ランキング　ダイ　キュウイハ……」

♪ドコドコドコドコドコ……

　ランキングの発表がおわると、子どもたちが思い思いにしゃべりだしました。

「ぼくはランキング１位の『おやつパルカス』にしようっと」

「わたしは２位の『おいしい棒』がいいな」

「ランキングに入ってなかったけど、ぼくは『レタス太郎』が好き」

「わたしも！」

「みんなで『レタス太郎』を買ったら、来週のランキングに入るんじゃない？」

「おれたちで『レタス太郎』をランキング１位にしようぜ！」

「応援しよう！」

「来週の人気ランキングが楽しみだね」

　みんなランキングでもりあがっています。

「ねえ、セイ。駄菓子っていろんな種類があるから『チョコ・クッキー部門』とか、『スナック部門』とか『ラムネ・キャンディ部門』とか、細かく分けたらおもしろいんじゃないかな？」

「なるほどな。お客さんにとっても、ほしいものが選びやすくなるかもな」

　セイはおばさんに伝えるため、メイのアイデアをメモしました。

5 イクタマくん、大活躍！

しばらくして……。

「お会計、お願いします！」

最初に買い物を終えた男の子が、イクタマくんのところへやってきました。

「カゴヲ　ハイケン　シマス」

イクタマくんにうながされて、男の子が小さなカゴを差しだすと。

「30エンガ　3ツ、50エンガ　2ツ、100エンガ　1ツ……ゴウケイ　290エンデス」

くるり。イクタマくんが、ぴーちゃんのほうを向きました。

「ピーチャン、290エンデス」

「はい、290円ね」

すかさずぴーちゃんが男の子に声をかけます。ぴーちゃんは、男の子からお金を受けとると、商

品をふくろに入れて「はい」と手渡しました。

「アリガトウ　ゴザイマシタ」

　イクタマくんの言葉に、

「ありがとう！」

　男の子は笑顔になりました。

「さすがAI！　イクタマくん、計算速いね」

「計算するのはイクタマくん、お金を受けとるの

はぴーちゃんなのね」

「役割分担、うまくいっているみたいだね」

　ぴーちゃんが、笑顔でそっと親指を立てました。

「いいね」の合図です。

三人も、「いいね！」と笑顔を返しました。

そこへ、「あのう、スタンプを10個集めたら、『駄菓子戦士 MIYAKO』のオリジナルカードがもらえるって聞いたんですけど」と、おとなの男の人がやってきました。

「ぼく、今日でスタンプ10個目なんですけど」

最近はこの男の人のように、「みやこ」のオリジナルカード目当てでお店に来るおとながふえました。

「はい、こちらでスタンプを押しますよ」

ぴーちゃんが台紙にスタンプを押すと、

「イラッシャイマセ。ケイヒンノ　オリジナルカードハ　コチラデス」

さっそくイクタマくんが応対しています。

「シャシンヲ　トルノデ　ボクノ　マエニ　タッテクダサイ」

男の人が、言われた通りにイクタマくんの前に
立つと……。

　カシャッとシャッターの音がしました。

「シバラク　オマチクダサイ」

　イクタマくんが言ってから、１分もたたないう
ちに、

「ニガオエガ　デキアガリマシタ」の声ととも
に、イクタマくんからシューッとカードが出てき
ました。

「よっしゃあ！　『駄菓子戦士 MIYAKO』のオ
リジナルカード、ゲットだ！」

　男の人はガッツポーズです。

　それから「記念に」と、
イクタマくんとツー
ショット写真を撮ってゆ
きました。

「タルタマくんのときより、カードができあがる
スピードが速_{はや}くなってる！」

「これなら行列_{ぎょうれつ}にならないね」

　セイとメイはうなずき合_あいました。

6 がんばれ！　イクタマくん

「あのう」

　次_{つぎ}にイクタマくんに話_{はな}しかけてきたのは、小_{ちい}さ
な女_{おんな}の子_こです。お店_{みせ}の外_{そと}では、女_{おんな}の子_このお母_{かあ}さん
がニコニコしながら待_まっています。

　駄菓子屋_{だがしや}は初_{はじ}めてのようで、女_{おんな}の子_こはお母_{かあ}さん
のほうをちらちら見_みながら、

「おすすめのお菓子_{かし}を教_{おし}えてください」とイクタ
マくんに声_{こえ}をかけました。

「イラッシャイマセ。オマカセ　クダサイ」

「見_みて、セイ。『おすすめサービス』の出番_{でばん}よ」

「よおし、がんばれ、イクタマくん！」

　セイとメイは、そっと声援を送りました。

「アナタニ　ピッタリノ　オカシヲ　オススメシマス。マズ、シツモンニ　コタエテクダサイ」

「はい」

　女の子がうなずきます。

「アマイ　モノハ　スキデスカ？」

「はい」

「ヤワラカイ　モノハ
スキデスカ？」

「いいえ」

「チョコレートハ
スキデスカ？」

「はい」

「アナタニ　オススメノ　オカシハ、
ムギチョコデス」

「麦チョコ？」

女の子が首をかしげました。

「ムギチョコハ　コチラデス」

　麦チョコがならんでいる棚に向かうイクタマくんのあとを、女の子は不安げな表情でついていきます。

「うーん。この『おすすめサービス』には改善が必要かもな」

　セイは腕を組み、首をかしげています。

「あの女の子がよろこびそうな商品を見つけるには、何かが足りないんじゃないかな？」

「質問も、今のところおおざっぱすぎるよね。もっと答えを選べるようにしたほうがいいかも」

　三人がひそひそ話しているところに、ぴーちゃんがやってきました。

「いちばんの問題は『おすすめのお菓子』なのに、イクタマくんがちっとも『おすすめ』していないところじゃないかとあたしは思うよ」

そう言うとぴーちゃんは、「いらっしゃーい」と笑顔をうかべながら、女の子のもとへ向かいました。

「おじょうちゃん、麦チョコっていうのはね、麦のポン菓子をチョコレートでくるんだお菓子なんだよ」

「ポン菓子？　ポン菓子なら、お祭りで食べたことあるよ」

「おじょうちゃんが食べたポン菓子は、たぶんお米で作ったポン菓子だね。麦チョコはね、麦のポン菓子がもとになっているんだよ」

「へぇ」

「サクサクポリポリの麦のポン菓子に、甘いチョコレートがかかっていて、とってもおいしいよ」

「わぁ、おいしそう！」

　女の子が、やっと笑顔になりました。

「これください！」

　ぴーちゃんにお金を払うと、女の子は麦チョコを大事そうに抱えて、店の外で待っているお母さんのところにかけてゆきました。

　楽しそうに話しながら帰ってゆく二人の姿を見ながらセイは、

　（イクタマくんが、ぴーちゃんみたいにお客さんと話したり、商品の魅力を伝えておすすめしたりできるようになったらいいな）と思いました。

　それから、店の中にいるイクタマくんをふり返り、

「がんばれ、イクタマくん！」

小さな声でエールを送りました。

考えてみよう！

イクタマくんがお客さんに商品の魅力をもっと伝えられるようにするには、どんな情報や改善が必要だろう？

7 イクタマくんは進化する

　イクタマくんが駄菓子屋「みやこ」を手伝うようになってから、一週間がたちました。

「いらっしゃいませ」

「イラッシャイマセ！」

　お店の中から、ぴーちゃんとイクタマくんの声が聞こえています。

「イクタマくんのお手伝い、うまくいってそうね？」

　メイの言葉に、ヒロが大きくうなずきました。

「セイくんがおばさんにお願いしてプログラミングし直してもらったおかげで、だいぶスムーズになったみたい。ほら、見て」

「イクタマくん、お菓子の人気ランキングを教えてよ」

「教えて、教えて！」

　子どもたちが、イクタマくんのまわりに集まっ

ています。

「今週の１位は何だろうね？」

「レタス太郎、３位以内に入ってるかな？」

　みんなでわいわい言いながら、発表を待ってい

ます。

「ソレデハ　ハッピョウシマス。センシュウノ

ニンキ　ランキング『チョコレート・クッキー

ブモン』、ダイ　ゴイハ……」

♪ドコドコドコドコドコ……

　ランキングの発表は、「チョコレート・クッキー

部門」「ラムネ・キャンデー部門」と続き、いよ

いよ「スナック部門」第１位の発表になりました。

「ニンキ　ランキング、『スナック　ブモン』ダイ　イチイハ……」

♪ドコドコドコドコドコ……

「レタスタロウ！」

「やったー！」

　「レタス太郎」推しの子どもたちが飛びあがります。

　店の中は、一気ににぎやかになりました。そして、各部門のランキング上位の商品が、またたく間に棚から消えてゆきました。

「すごいね、セイくん」

　ヒロの言葉に、セイは「だろ？」と胸を張りました。

「このランキングには、需要予測のために作ったデータが役立っているんだ。データをもとに、イクタマくんが自動的にランキングを作ってくれるんだよ」

「へぇ。イクタマくん、どんどん賢くなっていく

みたいね」とメイ。

「AIはたくさんデータを集めて、学習をするこ

とでどんどん賢く進化していくって、おばさんが

言ってた」

「楽しみだね」

　三人は、ニコニコしながらイクタマくんを見つ

めました。

「こんにちは」

　元気な声がして、女の子が

店に入って来ました。

「あ、あの子」

「あのときの、麦チョコの子

だ」

　セイとメイがうなずくと、

「イラッシャイマセ」

131

すぐにイクタマくんが声をかけました。

「あの……この前の麦チョコ、とってもおいし

かったです。今日もおすすめのお菓子を教えてく

ださい」

「オマカセ　クダサイ。アナタニ　ピッタリノ

オカシヲ　オススメシマス」

「おねがいします」

　女の子は、目を輝かせています。

「マズ、シツモンニ　コタエテクダサイ」

「はい」

「チョコ、クッキー、ラムネ、キャンデー、スナッ

ク、ドレガ　イイデスカ？」

「今日はスナックがいいです」

「サクサク　パリパリ　カリカリ　フワフワ、ド

レガ　イイデスカ？」

「サクサクがいいです」

「ソースアジ、ガーリックアジ、バーベキューア

ジ、シオアジ、チーズアジ、ドレガ　イイデスカ？」

「チーズ味がいいです」

「アナタニ　オススメノ　オカシハ、『オイシイ

ボウ』チーズアジデス」

「わぁ、『おいしい棒』チーズ味、食べたことあ

る！　好きかも！」

　女の子が手をたたいています。

「『オイシイボウ』ハ　コチラデス」

　棚の前で、イクタマくんが話しはじめました。

「オイシイボウニハ、60シュルイ　イジョウノ

アジガ　アリマス。チナミニ　チーズアジハ、ニ

ンキ　ダイ４イデス」

「へぇ」

「チーズアジハ、トウモロコシノ　コナデ　ツ

クッタ　コーンパフノ　サクサク　カル～イ

ショッカント、トロ～リ　ノウコウナ　チーズノ

アジワイデ　ニンキデス」

「おいしそう！」

　女の子は、「おいしい棒」チーズ味を手に取りました。

「アリガトウ　ゴザイマシタ」

「またね、イクタマくん。またおいしいお菓子を教えてね」

　手をふって、女の子はお母さんと帰ってゆきました。

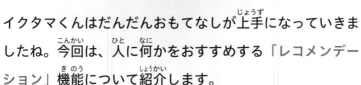

ドクター・タカコの研究室⑤

イクタマくんはだんだんおもてなしが上手になっていきましたね。今回は、人に何かをおすすめする「レコメンデーション」機能について紹介します。

今回のポイントは、「来店した人に合わせて商品をおすすめする」というところでしたね。

このような機能を、「レコメンデーション（レコメンド）」といいます。

おすすめする方法はさまざまです。たとえば、「甘いものは好きですか？」と聞いて、「はい」と答えたら「アメがおすすめです」というように、あらかじめおすすめするものを決めておく方法があります。

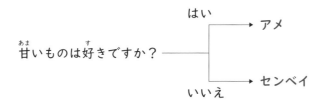

購入した人の情報を利用して、提案することもできます。たとえば、「こってり・新商品」をよく買う人や、「あっさり・定番」を買う人などを、前に購入した記録から判断します。

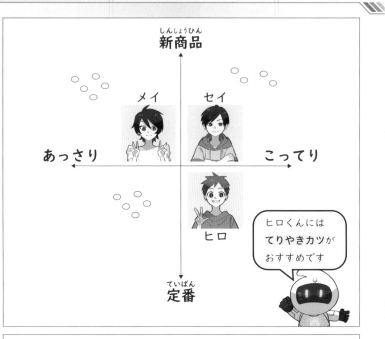

このように、どの商品が好きなタイプの人なのかがわかると、似たタイプの人が好みそうなものを提案することができます。

今回登場した「レコメンデーション」と呼ばれる技術は、インターネットの販売サイトや動画サイトなど、さまざまな場面で活用されています。

AI レコメンデーション 🔍

第4章

AI といっしょの未来を創ろう

～ AI といっしょの未来を生きるために～

1 駄菓子屋「みやこ」50周年感謝祭

よく晴れた日曜日。駄菓子屋「みやこ」は、大勢の人でにぎわっています。

いつも来ている子どもたちがいます。子どものころに通っていたおとなたちもいます。近所の平安町商店街の人たちも集まってきています。

今日は、駄菓子屋「みやこ」の50周年感謝祭です。

「50周年、おめでとうございます！」

「ありがとうございます」

「みやこさん、おひさしぶりです！」

「あらまあ、立派になって」

ぴーちゃんとお客さんたちの、にぎやかな声が飛びかっています。

「ぴーちゃん、うれしそうだな」

「たいへんだったけど、準備したかいがあったね」

「まだまだお客さんが来そうだね」

　セイとメイとヒロは、店の奥でスタンプカードやクジの準備をしています。

　店の中は「50周年おめでとう！」と書かれた大きな紙や、チーム「みやこ」が作った色とりどりのオーナメントで華やかに飾りつけられています。

「イクタマくんも大人気だね」

　ヒロの視線の先には、イクタマくんの姿があります。

「イラッシャイマセ　ヨウコソ　ダガシヤ『ミヤコ』へ」

　駄菓子屋「みやこ」オリジナルカードを作っているイクタマくんの前には、長い行列ができています。

　今日の似顔絵は、ミノルさんが特別に描きおろしてくれた「50周年記念スペシャルバージョン」

とあって、ミノルさんのファンと「駄菓子戦士
MIYAKO」ファンが大勢集まっているのです。

「みやこさん、ごぶさたしています。50周年、
おめでとうございます」

　にぎわう店の中に、背の高い男の人が入って来
ました。

「あらまあ、アベノくん？　アベノくんじゃな
い！」

　ぴーちゃんは、笑顔で迎えいれました。

「あ、あれ、父さんだ！」

「ぴーちゃんに『アベノくん』なんて呼ばれてる！」

セイとメイは、顔を見合わせて笑っています。

「みやこさん、いつも子どもたちがお世話になっています」

「あらやだ、逆よ、逆！」と、ぴーちゃんが首をふりました。

「お世話になっているのは、あたしのほうなのよ。それに、セイくんとメイちゃんだけじゃないのよ。あなたの妹さんにもお世話になっているのよ」

「え？」

　よほどおどろいたのでしょう。お父さんは、目を見開いています。

「そ、そうなんですか？　あいつ、わたしにはちっとも連絡をよこさないくせに。子どもたちとメッセージのやりとりしているのは知っていたんですが……」

「ほら、あの子」

　ぴーちゃんは似顔絵コーナーにいるイクタマく

んを指差しました。

「あのイクタマくんを送ってくれてね。それから

ずっと、セイくんやメイちゃんたちといっしょに

店を応援してくれているのよ」

「そうでしたか。あいつが……あのタカコがねぇ」

2 おばさんはＡＩ博士⁉

「え？」

　お父さんのつぶやきを耳に

したヒロが、声をあげました。

「ええっ？」

「どうした、ヒロ？」

「ヒロくん、どうかしたの？」

「信じられない」という顔で、ヒロがセイとメイ

を見つめています。

「今、おじさん、タカコって言ったよね？」

「うん」「うん」

　二人がうなずきました。

「セイくんとメイちゃんのおばさんの名前、タカ

コっていうの？」

「そうだけど？　……アベノタカコ」

　セイが答えました。

「アベノ……タカコ!?」

　ヒロの目は、これ以上ないほどまんまるです。

「そうだよ。あれ？　ヒロに言ってなかったっ

け？　おばさんの名前」

「聞いてない！　『おばさん』としか聞いてない

よ！」

「ヒロくん、おばさんの名前がどうかした？」

「アベノタカコって、ドクター・タカコってこと

でしょ？」

「ドクター・タカコ？　何だそれ？」

　ぷっとセイがふきだしました。

「セイくん、知らないの？　ドクター・タカコは、AI研究の世界では知らない人はいないくらい有名な博士なんだよ」

「え？」「ええっ？」

　今度はセイとメイがおどろく番です。

「みんなから『ドクター・タカコ』って呼ばれてて、世界中にファンがいるんだ。もちろん、ぼくもだ」

　イートインコーナーをうろうろしながら、ヒロがまくしたてます。

「すごい博士なんだよ。すっごくユニークで。人気者なのに、顔出しNGで、だれも素顔を知らないんだ。メディアに出るときは、いろんなアバターを使い分けてて……。あ、だからか！」

　ハッとして、足をとめました。

「だからぼく、気づかなかったんだ。セイくんとおばさんのチャットでのやりとりを見て、『AIに

くわしい人なんだろうなぁ』とは思ってたけど。

まさか、二人のおばさんがドクター・タカコだっ

たなんて！」

　そのときです。

「ドクター・タカコがどうかした？」

　ピンクのロングコートを身にまとった、派手な

女の人が店に入って来ました。

「おばさん？」「タカコおばさん？」

「タカコ？」「タカコちゃん？」

　一瞬、みんなの動きがとま

りました。

　やがて……。

「え———————っ！」

　おどろきまじりの大きな歓

声が、駄菓子屋「みやこ」に

こだましました。

3 ぼくたちが気づいたこと

「どう？　みんな、少しは落ち着いた？」

「うん」「まぁね」「はい」

　50周年感謝祭で大にぎわいの駄菓子屋「みや

こ」の奥のイートンコーナー。

　そこでセイとメイとヒロは、「おばさん」こと

「ドクター・タカコ」と向き合っています。

「イクタマくん、役に立っているようね。『みや

こ』もうまくいっているみたいで、安心した」

　おばさんは、ニコニコしながら店の中を見まわ

しています。

「……あの、ありがとうございました。ドクター・

タカコのおかげで、ぴーちゃんも駄菓子屋『みや

こ』も、すごく元気になりました」

「あはは。ヒロくん、あたしのことは『おばさん』

でいいよ」

「でも……あ、はい」

　緊張で顔を真っ赤にしているヒロのとなりで、セイが口をとがらせています。

「おばさんがそんな有名人だなんて知らなかった。どうしてだまってたの？」

「別に。わざわざ言うほどのことでもないでしょ？　それより、みんながイクタマくんを上手に使いこなしているんでおどろいたよ」

「おばさんがアドバイスをくれたからだよ」

　メイが言うと、おばさんは首をふりました。

「あたし、ほんとは心配してたんだ。みんながAIに頼りすぎてしまって、何も考えないようになってしまうんじゃないかって。けど、ちゃんと自分たちで考えて行動してたよね？」

「うん」とセイがうなずきました。

「最初のころは駄菓子屋『みやこ』のピンチを救いたくて、なんでもかんでもタルタマくんにやら

せようとしたんだ。おれはタルタマくんを、式神みたいに思ってた」

「式神？　ああ、セイのお気に入りのゲームに出てくる鬼神ね。たしか、陰陽師が自分の思いのままに働かせるのよね？」

「うん。でも、タルタマくんがイクタマくんになって、どんどん進化していくのはうれしかったけど、お店のこと、ぜんぶイクタマくんにやらせていいのかな？　って考えるようになったんだ」

「そうだね」と、ヒロがうなずきました。

「ぴーちゃん、前に言ってたよ。『たいへんなこともあるけど、子どもたちによろこんでもらうことが生きがいだから』って」

「だよな。ぜんぶイクタマくんに任せたら、きっ

とぴーちゃんはよろこばない。自分たちでできる
ことまでイクタマくんに任せてしまうのはちがう
んだよな」

「そうね」と、メイも口を開きました。

「チーム『みやこ』を結成して、いろいろ考えて
いるうちに自分たちでやったほうが楽しいことも
あることに気づいたの。だから、イクタマくんに
任せられることは任せて、わたしたちがやったほ
うがいいことは自分たちでやらなきゃ、って」

「ぼくは、いろんなデータを送るたびにタルタマ
くんが賢くなっていくのがおもしろいなぁと思っ
てました。もっともっと賢くしたいなぁって」

　ヒロの言葉に、セイが大きくうなずきます。

「おれたちもタルタマくんみたいに、アップデー
トしていかなきゃ、だな？」

「そうだね」「そうね」

「みんな、いろんなことを考えてくれたのね」

おばさんは、うれしそうにほほえんでいます。

「ほかにも、気^きづいたことがあるよ」

セイがつぶやきました。

「気^きづいたこと？　たとえば、どんなこと？」

「おれは……」と、セイが口^{くち}を開^{ひら}きました。

「少^{すこ}し前^{まえ}まで、問題^{もんだい}を見^みつけるとすぐに〝あやかし〟のしわざにしようとしてた。本当^{ほんとう}は、考^{かんが}えるのがめんどうくさかったんだ。AI^{エーアイ}とかプログラミングにも興味^{きょうみ}なかった。でも、タルタマくんが来^きてから、変^かわった。AI^{エーアイ}、おもしろいじゃん！　って思^{おも}うようになった。おれさ……」

セイは、イクタマくんに目^めを向^むけました。

「これからもイクタマくんを使^{つか}って、駄菓子屋^{だがしや}『みやこ』を応援^{おうえん}していきたいと思^{おも}ってる」

「そっかぁ。まいったなぁ」

顔^{かお}をくしゃくしゃにして、おばさんが笑^{わら}っています。

「何がまいったの？」

「あたしはね、将来、あなたたちがAIといっしょ
の未来を生きるために大切なことを伝えたくて、
こうして帰ってきたの。でも、あなたたちは自分
で気づいて、実行していたみたいね」

「おばさん！」

　ヒロがぴょん！　と立ちあがりました。

「AIといっしょの未来を生きるために大切なこ
とってなんですか？　ぼく、聞きたいです。教え
てください！」

「おれも知りたい！」

「わたしも！」

　三人の勢いにおされて、おばさんは目をぱちく
りさせています。

　が、やがて、ニッと笑いました。

「いいわよ。教えてあげる！」

【AI といっしょの未来を生きるために大切なこと】
①AI についてよく知ること。
②問題を整理する方法を知ること。
③問題を解決する力を身につけること。
④正しい使い方や危険性について考えること。
⑤AI を使って何かを創りだそうという気持ちを
　もつこと。

 では説明するね。1つめは、「AIについてよく知ること」です。AIといっても、その技術はさまざまです。技術によっては、得意なこと、不得意なことがあります。大切なのは、AIがどのような仕組みで動いているのか、理解しようとすることです。

AIは、なんでもかんでもできるわけではないんだよね。

AI って、ロボットのことをいうのかと思ってたよ。

 2つめは、「問題を整理する方法を知ること」です。問題には必ず原因があります。問題が起こったら「なぜ？」「どうして？」と順序立てて考え、必要な情報を集めたり、整理したり、分析したりしながら、自分の考えをまとめていくことが大切です。

〝あやかし〟のしわざにして片付けちゃいけないってことだね。

「みやこ」でお菓子がなくなったときのように、原因を考えて問題を整理するんだね。

3つめは、「問題を解決する力を身につけること」です。プログラミングの授業で「プログラミング的思考」を学んだ人もいるかと思います。目標を立てて、試行錯誤しながら少しずつ問題の解決に近づけていく考え方です。この考え方は、AIと生きてゆくためにも大切です。

「おすすめサービス」で修正したときのように、問題を発見して解決していくんだね。

順序立てて考えて、少しずつ解決に近づけていけばいいんだよね。

4つめは、「正しい使い方や危険性について考えること」です。AIは、人の暮らしを豊かにする道具ですが、使い方をまちがえると、問題が起こることもあります。たとえば、イラストを作成するAI技術を使って、自分の似顔絵を作ることができるのは便利ですが、ほかの人に勝手に自分の似顔絵を作られたら、ちょっといやな気持ちになりますよね。

AIは使い方が大事ってことね。

うんうん

AIはすでに、自動車やロボットなど、さまざまなものに搭載されはじめています。そんなAIが、誰にとっても、便利だったり、効率的だったり、生活を豊かにしてくれたりするようなものであるように、今さまざまなルール作りがおこなわれています。

AIを使う人にも、作る人にも、ルールが必要なんだね。どんなルールが作られているんだろうな。

５つめは、「AIを使って何かを創りだそうという気持ちをもつこと」です。AIは、わたしのような研究者や多くのエンジニアたちが、もっと便利に、さらに賢くなるように、日々開発を進めています。みんながこれから出合う問題にも、きっと役に立つAI技術があるはずです。チーム「みやこ」でやったように、AIをいろいろなアイデアをかたちにするために、ぜひ使ってみてください。

AIで何を創るか、どこにどう使うかを考えるのはわたしたちなのよね。

いろいろなAIがあることを知っていたらアイデアがふくらみそうだな。

ぼくは将来、みんなに使ってもらえるようなAIを作りたいな。

データの整理や入力は、AIやプログラミングの基本です。そのスキルをどんどんのばしていくといいわよ。

ドクター・タカコみたいになれるようにがんばります！

わたしはアイデアを考えたり、手を動かしたりするのが得意だし、大好きだよ。何かを創りあげるのって、おもしろいよね。

 AIと生きていくには、創造力も大切です。

おれはイクタマくんが来るまでは「AIなんて、自分には関係ない世界だ」って思ってた。でもイクタマくんがおれたちのアイデアをどんどん実現させていくのを見て、イクタマくんに次に何をさせたらいいか考えるのがすごく楽しくなった。

 AIはもうみんなのすぐとなりにいます。これから、もっともっと賢いAIが登場してくるはずです。そんな時代を、AIといっしょに生きてゆくためには、「AIを上手に利用して、新しいものを生みだそう」という気持ちをもち続けることが大切です。

エピローグ　未来に向かって

「みなさん、今日は駄菓子屋『みやこ』の50周年感謝祭にお越しいただき、ありがとうございました」

　店先で、ぴーちゃんがあいさつをしています。

　その姿を、セイ、メイ、ヒロ、おばさん、イクタマくん……チーム「みやこ」のメンバーが見守っています。

　うれしそうなぴーちゃんの姿を見ながらセイは、「ねぇ、おばさん」と話しかけました。

「おれ、これからもイクタマくんといっしょに、いろんなものを創っていきたい。そしていつか『みやこ』だけじゃなく、おれたちが住んでいる平安町全体が、楽しくにぎやかになるようにしたいんだ」

　セイの決意表明に、おばさんは「いいね」と

笑顔になりました。

「あたしも協力するよ、セイ」とおばさんが言う

と、「わたしも！」「ぼくも！」と、メイとヒロも

続きました。

　セイは「うん」と力強くうなずくと、

「未来を創るのは、おれたちだ！」

青空にこぶしをつきあげました。

「わたしたちだ！」「ぼくたちだ！」

　メイとヒロも、こぶしをつきあげました。

　ほほえみあう三人の背中を見つめながら、

「いい未来になりそうね」

おばさんは深く、大きくうなずきました。

コラム

考えてみよう
～AIに任せたい？　任せたくない？～

セイ、メイ、ヒロの三人が、「自分の家でAIをどう使うか」を考えています。それぞれ、使いたいことと、使いたくないことで意見が分かれているようです。

---

❶おこづかいを管理してもらう。
❷晩ごはんを作ってもらう。
❸家族旅行の行き先とスケジュールを考えてもらう。
❹悩み相談にのってもらう。

---

 ❶と❸はAIにお願いしたいかな。おこづかいの管理をしてくれれば使いすぎることもなくなりそう。

 う～ん、❶だけかな。❸は家族みんなで考えたほうが楽しいと思うんだよね。

 おれはぜんぶAIに任せたいな。特に、❸と❹！AIなら、いろいろなアイデアを出してくれそうだし。

あなたはどう思いますか？
このようにAIを使いたいと思う場面は人によって異なります。医療や介護の分野でAIへの需要が高まる一方、抵抗感をもつ人もいます。
あなたがAIに任せたいこと、任せたくないことは何でしょうか？　あなたならどうしたいか、ぜひ考えてみてください。

【監修】ソニー・グローバルエデュケーション
ソニーグループの教育系事業会社。「人々に多様な価値観と創造的な学びを提供する。」をミッションとし、次世代のイノベーターを育成するロボット・プログラミングの学習キット「KOOV」など、教育分野におけるプロダクト、サービス、データの領域で幅広くプラットフォームを提供している。

【著者】佐々木ひとみ
仙台市在住。児童文学作家。作品に『ぼくとあいつのラストラン』(ポプラ社)、『兄ちゃんは戦国武将！』(くもん出版)、『ぼくんちの震災日記』(新日本出版社)など。

■イラスト／Minoru
■校正／K-clip（熊谷真弓・花井佳用子）

■装丁デザイン／tobufune
■装丁イラスト／コマツシンヤ

書籍のアンケートにご協力ください
ご回答いただいた方から抽選で**プレゼント**をお送りします！
Z会の「個人情報の取り扱いについて」はZ会 Webサイト
(https://www.zkai.co.jp/policy/)に掲載しておりますのでご覧ください。

＊本書は、2023年6月現在の情報をもとに制作しています。

99%の小学生は気づいていない!?
となりのAI

初版第1刷発行・・・2023年7月10日

監修者・・・ソニー・グローバルエデュケーション
著　者・・・佐々木ひとみ
発行人・・・藤井孝昭
発　行・・・Z会　　　　〒411-0033　静岡県三島市文教町1-9-11
　　　　【販売部門：書籍の乱丁・落丁・返品・交換・注文】TEL 055-976-9095
　　　　【書籍の内容に関するお問い合わせ】https://www.zkai.co.jp/books/contact/
　　　　【ホームページ】https://www.zkai.co.jp/books/
印刷・製本・・・シナノ書籍印刷株式会社
DTP組版・・・株式会社 ムレコミュニケーションズ